大森洋子

「看板英語」スピードラーニング

講談社+α新書

はじめに

　中学校から高校まで6年間、あるいは大学まで10年間、英語を勉強したのに英語が話せない、英語はだめ、という日本人はなんと多いことでしょう。
　もったいないですね。
　でも、6年、あるいは10年も勉強した英語はどこかへ消え去ってしまったのではなく、あなたの頭の底で眠っているのです。単語も、フレーズも、熟語もばらばらになって、眠りこんでいます。起こしてやりませんか？　海外旅行の予定がなくても、外国人の友だちがいなくても、なんとなく英語が話せるようになればいいなあ、と思ってはいませんか？　洋画を字幕なしで見たい、とか、外国の人に道を聞かれたら、尻込みしないでもすむようになりたい、とか、一人で海外に行けたらいいな、とか。そんな自分の気持ちを満たしてやろうではありませんか。失われた青春の時間をとりもどして、英語敗者復活戦といきましょう。
　そういうわたしも三十数年前、大学を卒業したときは、読めない、書けない、聞けない、話せない、英語四ない症候群でした。英文科卒、なのにです。
　そんなわたしがいま英語を話せるようになって、こんな本を書けるようになったのはなぜか、その秘訣をこの本のなかでお教えします。

はじめに 3

　わたしは30年以上も翻訳の仕事をやってきました。おもにイギリスの海洋小説です。いろんな作家の海洋小説を訳していると、どの作家も似たような英文で表現するのだなあ、と思うようになりました。英文の構造が方程式のようにきちんと決まっているからです。日本人作家なら、おなじ意味のことを作家によって千差万別の日本語で表現します。翻訳者もおなじです。日本語はとても表現力が豊かで、文章構造も自在に変えられる言語だからです。英語はシンプルで、文章構造が基本的に決まっています。
　英会話のコツは、この表現力豊かで融通無碍な日本語をシンプルな英語に置き換えることだ、そう気づいたら、ぐんと英語が話せるようになったのです。どうやって置き換えるか、それはこの本のなかで順々に説明していきます。
　その説明のために、街なかにあふれている看板や掲示板、注意書き、商品ラベル、地下鉄のアナウンス、テレビコマーシャルなど、身近にある英語を使います。これを看板に代表させて〝看板英語〟と呼んでいます。〝看板英語〟を応用した英会話はさしずめ、〝看板英会話〟でしょうか。
　看板などに書かれていることは、注意事項やお願い、お知らせ、キャッチフレーズなどです。だれにでもわかる文でなければなりません。ですから、英語も文型もごく基本的でシンプルでわかりやすいものを使っています。英会話に使える英語が満載されているのです。

看板などではたいてい、日本文が最初にあって、そのあとに英文がついています。ですから、英文を和訳したさいに生じがちな、ぎこちない直訳的な日本語になっていることはありません。こなれた日本語とこなれた英語で書かれていて、日本語と英語の違いが浮き彫りになっています。表現だけから見ると、「ええっ、こんなふうに言うの！」とびっくりするぐらい違って思えるものです。でも、意味はおなじなのです。

　この英語と日本語の表現の違いをどう飛びこえて同じ意味の文にするか、そのコツをつかむことが英会話上達の秘訣なのです。本文のなかでそのコツをつかんでください。

　もう一つの英会話上達の秘訣は、英文のパターンを頭のなかにためていくことです。歌とおなじです。すらすらと歌うためにはメロディーと歌詞を覚えていなければなりません。

　その見本のパターンとしても〝看板英語〟はうってつけです。なにしろ、英語の特徴とシンプルさ、おもしろさが凝縮されたものですから。目を覚ましたあなたの英語をそのパターンに合わせていくと、あなたの英語会話力は驚くほど広がっていきます。

　わたしが英語をしゃべれるようになったもう一つの大きな理由は、口が動くようになったことです。

　日本語をしゃべるとき、口はあまり大きく開けませんし、

唇はそれほど大きく動かしません。英語は口を大きく開けて、激しく唇を動かします。この動きができないと、頭のなかに英語があっても、すらりと口からは出てきません。それが英語を話せないもどかしさにつながります。これもちょっと心がければうまく口がまわるようになります。そのコツも本文のなかでお伝えします。

　本書には、英会話上達に役立つ〝看板英語〟ベストが網羅されています。東京や横浜はもちろん、旅行先でも集めたものです。

　さあ、いっしょに〝看板英語〟を始めて、英会話の達人になりましょう！

— 目次 —

はじめに …………………………………… 2

第1章　駅や公園でおなじみの 看板英語で英会話

love でつなごう、会話の心 …………………… 16
I L♥VE NEW YORK（ニューヨーク大好き）

「すみません」以外にも使える I am sorry ………… 18
We are sorry for *the inconvenience.*
（ご不便をおかけして、申し訳ありません）

日本語感覚で使おう、Let's ………………………… 21
Let's *Sukiyaki*（すき焼き、しよう！）

「徒歩○分」は単語をつなげるだけ ……………… 22
Five minutes walk *from Kaminoge station.*
（上野毛駅から徒歩5分です）

行き先を伝える for ………………………………… 23
This is Nozomi, super express bound **for** *Tokyo.*
（この新幹線はのぞみ、東京行きです）

前置詞+〜self で表現力を広げよう ……………… 26
Do-it-yourself（日曜大工）

英語はシンプル イズ ベスト ……………………… 28
You are here.（現在地）

緊急事態から困りごとまで In case of …………… 31
In case of *fire*（火事の場合）

優先席も優先道路も priority で …………………… 34
Priority Seat（優先席）

saleはバーゲンのみにあらず ……………………… 36
Now **on sale**（ただいま発売中）

keep out（外にいる）は、裏返せば「入るな」………… 38
Keep out（立入禁止）

insideで「内側」も「徹底的に」も ……………………… 42
No drinks **inside.**（なかに飲み物は入っていません）

ジャパニーズ英語でも心は伝わる ……………………… 44
Please go into freedom.（ご自由にお入りください）

使えるYou can、Can I～? ……………………… 45
You can *earn more mileage by shopping with Edy card.*
（エディ・カードで買い物して、マイレージを貯めよう）

this sideの前後に名詞をつけてみよう ……………… 48
Door **on this side** *will open.*（こちら側のドアが開きます）

「反対」の場合はopposite ……………………… 50
Door **on the opposite side** *will open.*（反対側のドアが開きます）

禁止からお願いまでDo notで ……………………… 51
Do not *rush*（駆け込み禁止）

Best beforeは会話には使えない? ……………… 54
Best before（賞味期限）

動詞＋前置詞で表現力を広げよう ……………………… 57
Push *the lever* **down** *all the way.*
（レバーを下まで完全に押し切ってください）

英語の動詞は表情が豊か ……………………… 59
Pull *the chest guard* **forward.**
（ガードをつかみ、手前に引いてください）

同時に起こったことはasでつなごう ………………… 63
Flushing is carried out automatically **as** *you leave.*
（トイレをご使用後、自動的に水が流れます）

「〜しているあいだ」に起こったことは、whileで …… 64
Don't smoke **while** *walking.*（歩きタバコ禁止）

物、場所、こと、人、すべてに使えるthere is ……… 66
At Narita Airport, **there are** *2 stations.*
（成田空港には、駅が2つあります）

物を主語にすると英語っぽい！ …………………… 69
Green Label brings you *a comfortable time.*
（グリーンラベルで快適な時間を）

禁止事項は受け身でスマートに ………………………… 71
Disruptive behavior **is prohibited.**（迷惑行為禁止）

第2章　まとめて覚えれば会話が広がる　熟語の底力

Thank you forは会話の第一歩 ……………………… 74
Thank you for *shopping with us.*（お買い物、ありがとうございます）

覚えておこう、旅の英語「departure time」 ………… 77
Please proceed to the gate, 10 minutes before your **departure time.**
（搭乗口には出発の10分前までにお越しください）

look forward toは会ったときの合い言葉 …………… 78
We **look forward to welcoming** *you again.*
（またのお越しを楽しみにしています）

日本語をまず噛みくだく、それが英会話のコツ ………… 80
How to *use automatic faucet*（自動水栓の使用方法）

簡単な動詞こそ使い道は広い …………………………… 84
Please **set** *your mobile phone* **to** *silent mode.*
（携帯電話はマナーモードに設定してください）

「前」にも「先」にも時間ならin advance ………… 85
Please make a reservation at the front office **in advance.**
（あらかじめフロントでご予約をお願いいたします）

いろいろな動詞とセットで使おう、into ・・・・・・・・・・・・・・・・・・ 87
*Please **insert** your plastic key **into** the slot.*
（カードキーを溝に差しこんでください）

「断つ」から「我慢する」までrefrain from ・・・・・・・・・・・・・ 89
*Please **refrain from** smoking in the bed.*
（ベッドでのおタバコはご遠慮ください）

turn は方向転換の動詞 ・・・・・・・・・・・・・・・・・・・・・・・・・・・・・・・・・・ 91
*Please **turn off** your mobile phone near "Priority Seat".*
（優先席付近では、携帯電話の電源をお切りください）

感情表現は受け身で ・・・・・・・・・・・・・・・・・・・・・・・・・・・・・・・・・・・・・・ 93
*We **are delighted to** have you stay with us.*
（当ホテルにお越しくださいまして、ありがとうございます）

「〜以外」も「〜だけ」もexcept forでOK ・・・・・・・・・・・・・・ 95
***Except for** an emergency, use of the telephone is prohibited.*
（緊急時以外、当電話は使用禁止）

人、物、距離、「あいだ」ならなんでも使えるbetween 97
*Please mind the gap **between** train **and** platform.*
（電車とホームのあいだが大きくあいていますので、お気をつけください）

you canよりpossibleでカッコよく！ ・・・・・・・・・・・・・・・・・・ 99
*If you find any unattended baggage, please inform the station staff **as soon as possible**.*
（持ち主不明の荷物を見たら、早急に係員にご連絡ください）

年齢、時間、距離、なんでも使えるfrom 〜 to — ・・・・・・ 101
*For children **from** five months **to** two years old*
（生後5ヵ月から2歳用）

「端」も「末」もendでOK ・・・・・・・・・・・・・・・・・・・・・・・・・・・・・・ 102
*There are two emergency exits **at the end of** the corridor.*
（廊下のはずれに2ヵ所、非常口があります）

主語と目的語を入れ換えて、letを使いこなそう！ …… 104
Please **let us know** *your comments.*
（お客さまの声をお聞かせください）

第3章　応用が利く！この一単語を使いこなそう

「どこ？」と聞きたいときは、Where〜？ ………… 108
Where *do you stay?*（どこにお泊まりになりますか？）

「なに？」と聞きたいときは、What〜？ ………… 109
What's *the easiest way to become a millionaire?*
（百万長者になる近道は？）

haveは「持つ」だけにあらず ………… 111
We **have** *public telephones at the lobby.*
（ロビーに公衆電話がございます）

物がhaveするの？ ………… 114
Each room **has** *en-suite facilities.*（各室ともバス・トイレ付きです）

お風呂をhaveするの？ ………… 115
If you **have** *any comments, please let us know.*
（なにかご意見がありましたら、お知らせください）

onたった一言で「作動中」 ………… 117
Surveillance cameras are **on**（監視カメラ作動中）

〈〜のために〉のfor、使い方は無限大 ………… 119
for ♀（女性用）

withは動詞代わりに便利に使おう ………… 123
CLEANING **with** *warm heart.*（お洗濯もの　心をこめて）

年齢や値段にも使えるunder ………… 125
Life vest **under** *your seat*（救命胴衣は椅子の下にあります）

keepをキープしよう 126
Keep clear *in front of doors.*（ドアの前はあけておいてください）

「こと」も「もの」もwhatでOK 128
Maybe **what you want** *is a striped shirt.*
（きみが欲しいものはたぶん、ストライプのシャツだろうな）

「いつ?」も「時」もwhenでOK 130
If only I knew **when** *to invest.*
（投資のチャンスさえわかっていたらなあ）

whenは「時」を表す万能つなぎ言葉 132
When *you are back from the beach, please take a shower on the 1st floor.*
（海水浴からお帰りの際は、1階のシャワー室でシャワーを浴びてください）

「〜なしで」も「〜がなかったら」もwithoutで簡単に 135
The followings are prohibited in the station **without** *the permission of the station master.*
（駅構内で許可なく次の行為をすることは禁止されています）

「〜するまで」だけでなく「とうとう」もuntilで 138
Please keep this form **until** *you check out.*
（この用紙はチェックアウトのときまで、お持ちください）

beforeは「前」だけでなく「それから」も 140
Train doors will be closed up to 30 seconds **before** *departure.*
（ドアは発車の30秒前に閉まります）

afterを裏返せば「その前に」 142
Doors close soon **after** *the melody ends.*
（発車サイン音が鳴り終わると、ドアが閉まります）

If〜には、willもshallも不必要 144
If *you see anything suspicious, call 999.*
（不審な物を見つけたら、999に電話してください）

第4章　文化の違いがわかれば 英会話がさらにランクアップ

英語は主語のIを省略しない ……………………… 148
I'm your Room Maid（ようこそ）

「わたし」も「おれ」も 英語ではI ……………………… 151
I'll be keeping everything tidy and clean for you.
（このお部屋はわたしが清掃いたしました）

目上の人にも遠慮なくyouと言おう ……………………… 154
I hope **you** have a pleasant stay.（どうぞごゆっくりお過ごしください）

否定の言葉を目的語に使おう ……………………… 157
You have **nothing** else to pay.
（ほかにはなにも払う必要はありません）

英語は数式のような言葉 ……………………… 158
I'm home.（わたしは家です）

否定の言葉を主語にして英語らしい表現を！ ……………………… 160
Nobody is allowed to enter into this property.
（この地所内は立入禁止）

英語では自分を中心に表現しよう！ ……………………… 162
How are we doing？（お客さまのご意見をお聞かせください）

物を主語にして、受け身でスマート表現を ……………………… 164
Medal **can be purchased** *at the machine.*
（メダルは販売機で買えます）

「手」で場所も時間も言える？ ……………………… 167
Rescue is **at hand！**（救助はもうすぐだ！）

日本語で「殴られた」は 英語では「殴った」に ……………………… 169
It may save your life.（命が助かるために）

日付からわかる国民性 ……………………… 171
We will resume normal service on **the 1st December 2006.**
（2006年12月1日から通常の営業を再開します）

単数、複数に注意しよう ・・・・・・・・・・・・・・・・・・・・・・・・ 175
Please find the enclosed **Tickets** *and* **Document(s)** *listed below.*
(下記の航空券および書類が同封されております)

enough は充分に？ ・・・・・・・・・・・・・・・・・・・・・・・・・・・・・・ 179
Is your baggage **small enough for** *carry-on?*
(お荷物は機内へ持ち込める大きさですか？)

英語ではいつも裏は裏 ・・・・・・・・・・・・・・・・・・・・・・・・・・・・ 181
The location of the emergency exits is posted **on the back side of** *the room door.*
(非常口の位置はお部屋のドアの内側をご覧ください)

英語では過去はいつも過去形で ・・・・・・・・・・・・・・・・・・ 184
Bishop Berlioz **felt there was** *a great need to spread Christianity.*
(ベルリオーズ司教はキリスト教を広めることがぜひとも必要であると感じたのです)

英語はパーツ順が決まっている ・・・・・・・・・・・・・・・・・・ 188
The Trappistine Convent / *was founded* / **in 1898** / **by eight French nuns.**
(トラピスチヌ修道院は、1898年、8人のフランス人修道女によって創設されました)

第1章

駅や公園でおなじみの
看板英語で英会話

loveでつなごう、会話の心

> **I L♥VE NEW YORK**
> （ニューヨーク大好き）

　この言葉はものすごくはやりましたね。もともとは1977年にニューヨーク在住のグラフィックデザイナー、M・グレイザー氏によって、I ♥ NYというロゴが作られ、それ以後、パロディがたくさん出てきたそうです。白馬のスキー場では、I L♥VE SNOWというポスターも見ました。

　loveというと、すぐにI love you.（わたしはあなたを愛しています）を思い浮かべますね。夏目漱石の『三四郎』のなかに、Pity's akin to love. という文に対して、「可哀想だた惚れたって事よ」という訳が出てきます。これをもじって「アイ・ラブ・ユウったあ、惚れたってことよ」ですね。

　「愛している」という言葉は、日本人にはなじまない気がします。これはloveを翻訳した言葉で、本来の日本語にはなかった表現だからでわたしも、「愛してる」という訳はよほどその場面に合うときしか使わず、「好きよ」とか「大好きよ」など、「好き」を使うことが多いです。

　アメリカでは、旦那さんが奥さんにI love youを一日に何度も言わなければならないそうで、loveをよく使いますが、人間に対する愛情表現だけでなく、物に対しても、

なにかすることに対しても使います。likeよりずっと強い感情を表します。たとえば、こんなふうにです。

I love sweets so much.
（甘いものに目がないの）

I love playing tennis.
（テニスが好き）

I love reading.
（わたし、本の虫なの）

こんな感覚でもっとloveを使ってみましょう！

応用編

We love each other.
（あたしたち、ラブラブなの）

Please love me little, love me long.
（細く長く愛してね）

I love beer.
（おれはビール党だよ）

He loves you to come and see him.
（彼、会いにきてくれればいいって思ってるわよ）

I love Keiko.
（ケイコ、命）

「すみません」以外にも使える
I am sorry

> **We are sorry for** *the inconvenience.*
> （ご不便をおかけして、申し訳ありません）

　これは横浜のランドマークタワーで見つけたお知らせです。テロ対策で特別警戒中のため不便をかけるというお詫びでした。9.11以後、こういうお知らせをあちこちで見かけます。

　convenience はコンビニエンス・ストアの convenience で、「便利」という意味です。それに否定の意味の in をつけて、inconvenience とすると、「不便」という意味になります。

　I am sorry や We are sorry も人間関係をスムーズに運ばせるために欠かせない言葉ですね。
「申し訳ございません」「失礼しました」から、ちょっとしたミスで「すみません」と言ったり、友人同士での「ごめん」や「すまない」「悪かった」まで、I'm sorry のひと言で言えます。日本語はなんて表現が繊細なのでしょう。その繊細な気持ちをこめて I'm sorry と口に出すと、相手にどんな気持ちか伝わるはずです。I am と言うと、I が強調されますし、I'm だと、自然な感じになります。

　通りで人とぶつかったときなど、とっさに Sorry！と言

いたいですね。

　I'm sorryのあとには例文のようにforをつけて、I'm sorry forというかたちが使えます。

　この場合のforは〈〜して〉、とか、〈〜に対して〉お詫びします、といった感じです。

　forのあとにはingのかたちの動詞も使えます。

　I am sorry for making mistakes.
（ヘマして、ごめん）
　I am sorry for drinking too much.
（飲みすぎて、ごめん）
　また、I am sorryのあとに文章をつけて、
　I am sorry I am late.
（ごめんなさい、遅れてしまって）
とも言えます。

　強い気持ちをこめたいときには、
　I am so sorry I made mistakes.
（ほんとうにすみません、いろいろミスをしてしまって）
とsoを入れて、強く発音するといいです。

　I am sorryには、「すみません」のほかに、もう一つ意味があります。

「残念だわ」とか、「お気の毒に」とか、「お悔やみします」という気持ちでI am sorryが使えます。この使い方は案外と知らない人が多いです。これも覚えておくと便利です。

「明日、会いませんか?」と訊かれて、I am sorry, but I can't. と答えると、「残念ですが、行けません」。

「彼女、病気になったんですって」と言われたときには、I'm sorry と言うと、「お気の毒に」という気持ちが表せます。

訃報を聞いたときも、I'm sorry で、「お悔やみ申し上げます」と言えます。

もっとも日本語でもそういうときは、なんと言っていいか、言葉が出ないものですが。

応用編

John, I am sorry, but I can't come to see you now.
(悪いけど、ジョン、いま、会いに行けないの)

Hello, Yoshiko, I am sorry I missed the train.
(もしもし、ヨシコ、申し訳ない、列車に乗り遅れちまったんだ)

Ms. Smith, I am so sorry I broke my promise.
(ほんとうにすみません、スミスさん、約束を破ってしまいまして)

I am sorry to hear that.
(それはお気の毒に)

I am sorry to disturb you.
(ごめんなさい、お邪魔します)

日本語感覚で使おう、Let's

Let's *Sukiyaki*
（すき焼き、しよう！）

すき焼きのたれのコマーシャルです。こんなふうに気軽にLet'sを使ってみたいものです。

Let'sはもう日本語化していますね。Let usを省略したもので〈～しよう〉と誘ったり、提案したりするときに使います。

返事は、Yes, let's. とか、No, let's not. と言えばOKです。

応用編

Let's go out and eat !
（食事に行こう！）

Let's go for a swim.
（泳ぎに行こうよ）

Now, let's get to work !
（さあ、勉強はじめるんだ！）

Let's not be late, Yuki.
（ユキ、遅れないようにしよう）

Let's play TV game, Ben !
（ベン、テレビゲーム、しようぜ！）

「徒歩○分」は単語をつなげるだけ

Five minutes walk *from Kaminoge station.*
(上野毛駅から徒歩5分です)

　これは美術館へ行く案内板に書いてあったものです。「歩いて5分」というのが five minutes walk で表せるとは簡単ですね。英語でこその名人芸です。

　The short walk is clearly signposted above ground.
　こんな看板がロンドンの地下鉄の駅にありました。The short walk で「歩いてすぐ」、そして「道順は案内標識ではっきり示されています」ということです。

応用編

It's a short walk to the station.
(駅まで歩いてすぐですよ)

It's long walk from my house to the school.
(家から学校まで、歩くとずいぶんかかるの)

My house is fifteen minutes walk from this shop.
(この店から家まで、歩いて15分かかります)

It's a five-minute walk.
(徒歩5分だよ)

行き先を伝える for

> *This is Nozomi, super express bound for Tokyo.*
> （この新幹線はのぞみ、東京行きです）

JRに乗ると、英語のアナウンスでも電光掲示板でも頻繁に行き先案内をしますね。is bound for は〈～へ行きます〉という意味で、この for は〈～へ向かって〉と行き先を表します。

イギリスの海岸沿いの町、チャタムからの列車には、

This train is bound for London Victoria.
（この列車はロンドン・ヴィクトリア行きです）

とありました。

外国で電車や地下鉄、バスなどを利用するときは、まちがった所へ行かないようになんでも訊くことですね。英会話の練習にもなりますし。

Where is this train bound for ? と言えば、「この列車はどこ行きですか？」と訊くことができます。

Is this Shinkansen bound for Osaka ?（この新幹線は大阪まで行きますか？）と外国人に訊かれたら、Yes, it is.（ええ、行きますよ）と答えればいいのです。

Is this train bound for Portsmouth ?（この列車はポーツマス行きですか？）と訊けば、まちがった列車に乗らず

にすみます。

よく列車の車体の札に for Kyoto などと書いてありますね。bound は省略して、for だけでもかまいません。

東京の地下鉄永田町駅では電光掲示板にこうありました。

Please change here for Nanboku Line.

(南北線はここでお乗り換えください)

羽田の京浜急行線ではこんな電光掲示が出ます。

Direct train for Shinagawa, Shinbashi, Asakusa.

(品川、新橋、浅草方面直通)

反対の方向の横浜方面へ行くには、

Please take the next train for Yokohama, change at Keikyu Kamata.

次の電車に乗って、京急蒲田で乗り換えてください、ということです。

チャタムからの列車には次のように表示していました。

This is the service for London, calling at Rochester and Gravesend.

(この列車はロンドン行きの便です。途中停車駅は、ロチェスター、グレーヴゼンドです)

アメリカなら、This train is bound for 〜, stopping at 〜と言うでしょう。イギリスとアメリカでは言い方がちがう場合がいろいろあります。代表的なものをイギリス英語、アメリカ英語の順であげます。

地下鉄：tube, underground / subway
長距離バス：coach / inter city bus
荷物預かり所：left-luggage office / baggage room
エレベーター：lift / elevator
往復切符：return ticket / round-trip ticket
片道切符：single ticket / one-way ticket
予約する：book / reserve

日本ではイギリス英語、アメリカ英語をごっちゃに取り入れてますが、イギリスではイギリス英語を、アメリカではアメリカ英語を使う、などと固いことは言わずに、覚えやすいほうをまずは覚えて使ってみることです。通じるはずです。

応用編

Hello Bill, we are now bound for your town by express train.
（もしもし、ビル、いま急行でそっちへ向かってるとこよ）

Where are you bound for by this bus ?
（このバスでどこに行くの？）

What is the time of the next train for London ?
（次のロンドン行きは何時ですか？）

The trains for Heathrow Airport leave from platforms 13 &14.
（ヒースロー空港行きの列車は13、14番線から出るのよ）

前置詞＋〜selfで表現力を広げよう

Do-it-yourself
（日曜大工）

　これはもう日本語になっていると思うぐらい、日常的に見かける言葉ですね。そのまま訳すと、「自分でやろう」とか「自分で作ろう」とかいう意味で、家の補修を自分でやろうというのが始まりでした。DIYと省略されて言われるほどで、このDIY精神というのは、1945年にイギリスで始まって、アメリカへ広がり、日本にも伝わってきたそうです。いまではパソコンの修理などにもDIY精神は広がっています。

　yourselfは「あなた自身」という意味です。You are yourself. と言うと、「いつものあなたね」とか、「いつもと変わりないね」ということ。

　You are not yourself. だと、「いつものあなたじゃないわね」「あなた、ちょっと変よ」ってことになります。

　He killed himself. は、「彼は自分自身を殺した」ということで、「自殺した」となります。

　yourselfは、前置詞と結びついて、さまざまな熟語を作ります。myself、himself、herself、ourselves、themselvesもおなじように使えるので、oneselfで表して言うと、

by oneself　（ひとりで、独力で、自分で）
for oneself　（自分のために、みずから）
of oneself　（ひとりでに）
to oneself　（自分自身に、自分だけに）
いろいろ応用してみましょう。

応用編

You did this hard work by yourself, didn't you, Ben?
（ベン、こんな難しい仕事、ひとりでやったの？）

I bought this boat for myself.
（このボートは自分のために買ったんだ）

That car began to run by itself.
（あの車、ひとりでに動きだしたんだ）

Bill kept that secret to himself.
（ビルの奴、その秘密を自分の胸ひとつに納めていたんだ）

That machine works by itself.
（その機械は自動的に動くんだよ）

英語は
シンプル イズ ベスト

> **You are here.**
> （現在地）

　この表示は駅の案内地図などでよく見かけますね。

　日本語で「現在地」というと、英語でもすぐに名詞の単語を考えて、辞書など引いてしまいます。

　You are here. つまり、「いま、あなたはここにいますよ」と言うんだとわかると、びっくり仰天します。まるで大人と子供の言葉のちがいみたいだ、と。

　でも、地図の「現在地」というのは、→があって、「あなたがいまいるのは、ここですよ」と教えてくれているわけです。つまり、you are（あなたがいまいる）のは、here（ここです）と。You are here のできあがり。英語と日本語とぴったり合っているではありませんか。むずかしい単語など一つも必要ありません。あなたの頭のなかにある単語だけで言うことができます。

　ポイントは、むずかしい日本語をやさしい日本語にまず噛みくだくことです。そして、それを英語でどう言ったらいいのか、考えることです。

　電話がかかってきて、Is Tomy there ?（トミーはいますか？）と訊かれたら、Yes, he is here.（はい、いますよ）

あるいは、No, he is not here.（いいえ、いないんです）と答えればいいです。

hereの部分に場所を表す言葉を置けば、いくらでも応用できます。

ロンドンのヒースロー空港の発着案内板の下には、こんなふうに表示してありました。

You are at Terminal 3, Heathrow.（あなたがいまいる所はヒースロー空港のターミナル3です）

だから、エスカレーターに乗る前に、チェックインする場所を確認してください、と注意をうながしているのでしょう。

You are at the first floor. と表示されていれば、イギリスでは「あなたがいまいるのは2階です」となり、アメリカでは「1階です」となります。

I am、We are、He is、She is、They are にも応用できます。

たとえば、外国からの友人を東京駅に迎えにいったときに、彼から携帯電話で、

Hello, Takao, I am now at the main ticket gate.
（もしもし、タカオ、ぼく、いま、中央改札口にいるよ）
なんて教えてもらったら、すぐに見つけられますね。

We are in Disneyland.
（いま、あたしたち、ディズニーランドに来てるのよ）
なんてうれしい声で伝えることもできます。

Maki is in New York on vacation !
(マキはいま休暇でニューヨークなんだってよ!)

英語が話せれば、ニューヨーク散策もいっそう楽しくなるでしょう。

さて、街で迷子になったら、この文を応用して、こう訊くこともできます。

Excuse me, where am I ?
(わたしがいまいるのは、どこでしょうか?)

こう言って、地図を差し出して教えてもらうといいです。

応用編

Hello, Betty ? Where are you ?
(もしもし、ベティ? いま、どこにいるの?)

Excuse me, where are we now ?
(すみませんが、いまどこの駅に止まったんでしょうか?)

We are now at the entrance of your B&B.
(いま、こちらのB&Bの玄関に着きました)

I was in London just on the day when the ex-Russian spy was poisoned.
(例のロシアの元スパイが毒殺された日に、わたし、ちょうどロンドンにいたのよ)

緊急事態から困りごとまで
In case of

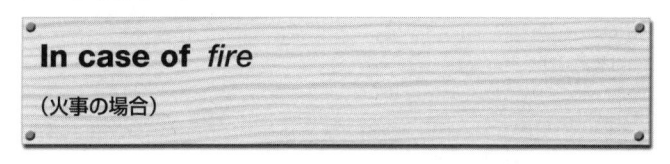

> **In case of** *fire*
> （火事の場合）

　In case of fire の下に避難方法を書いた注意書きを、日本でも外国でもよく見かけますね。

　日本の道路では、Emergency road（緊急通行路）という大きな看板を見かけます。ナマズの跳ねている絵が描いてあって、Closed in the event of major earthquake（地震災害時、一般車両通行止め）と警告しています。

　in (the) case of あるいは、in (the) event of は〈〜した場合は〉とか〈もし万一〜したときは〉〈〜するといけないから〉〈〜の用心に〉などといった意味に使われます。

　東京の地下鉄にはこんな注意書きがありました。

　Train may stop suddenly, in case of emergency.

（電車は事故防止のため、急停車することがありますので、ご注意ください）

　emergency は、「緊急」という意味で、日本文では「事故防止のため」となっていますが、そのまま訳すと、「緊急の場合には」となります。

　この in case of emergency はほんとうにいろいろな場所で見かけます。「非常の際は」とか、「まさかのときは」

「万が一のときは」といった意味でも使えます。

イギリスのB&Bでは、オーナーが夜間は受付にいないところがほとんどです。それで、あるB&Bではこんな案内が張ってありました。

In case of emergencies, please call the resident manager on 01634 456789.

（なにかお困りのことがあったら、01634 456789番のお客さま係にお電話ください）

emergenciesと複数形になっているところから考えると、ちょっとした困りごとからほんとうの緊急事態までOKということでしょう。

こうやってみてくると、in case of は、緊急事態からちょっとした問題まで広範囲に使えるのがわかりますね。

公共施設などでは最近、心臓発作が起こった場合にすぐ対処できるように、AED（自動体外式除細動器）を備えてあるところが多くなりました。羽田空港でも、壁に取りつけてある箱からこの器機を取り出す方法が説明してあります。

Push the right button strongly in case of use of AED.

（AED使用の際は、右のボタンを強く押してください）

この in case of use of 〜のように、in case ofのあとにフレーズをつけて文を作っていくこともできます。

また、地下鉄の駅の切符売り場では、問題が起こった場合、呼び出しボタンを押して係員を呼び出すようになって

第1章　駅や公園でおなじみの 看板英語で英会話　33

います。

In case of no response, press again.
(応答がない場合は、再度呼び出しボタンを押してください)
とありました。

このように、in case of に no ＋名詞をつける言い方も簡単ですから、覚えておくと便利です。

応用編

Take your umbrella in case of rain, Sachiko.
(サチコ、傘を持っていくのよ、雨が降るといけないから)

In case of an accident in Japan, don't be panic, Rose.
(ローズ、日本で事故に遭っても、あわてちゃだめだぞ)

Make sure where the fire exits are in a hotel, in case of the fire.
(万一火事になるといけないから、ホテルでは非常口を確かめておくんだぞ)

In case of using a fire extinguisher, please be careful, all of you.
(みんな、消火器を使うときは、気をつけてね)

I always carry a flash light in case of blackout in subway.
(地下鉄で停電になったらいけないから、いつも懐中電灯を持っているのよ)

優先席も優先道路もpriorityで

Priority Seat
（優先席）

　以前は「優先席」そのものも「優先席」という日本語も見かけませんでした。みんなが率先して席を譲ったので、必要なかったのでしょう。

　priorityは「優先」という意味。日本ではCourtesy Seatsと表示している席も見かけます。courtesyは、「親切」とか「優遇」とかいう意味で、相手を思いやって席を譲る、つまり譲るほうから見た表現です。priority seatのほうは、ハンディキャップのある方にすわる優先権がある、と譲られるほうから見た表現です。

　ロンドンでは、courtesy seatという表現には一つも出合いませんでした。courtesy seatという言い方は権利意識よりも気持ちを優先させる日本人らしい表現なのでしょう。

　友人のアメリカ人は30代ですが、彼が育ったころ、やはりアメリカでも「優先席」というのはなかったそうです。いまも地下鉄など大型の輸送機関はニューヨークやシカゴなど限られた大都市にしかなく、移動には車を使うことがほとんどなので、彼も彼の友人たちも「優先席」というのは見たことがないと言います。優先席などなくても、お年

寄りや体の不自由な人を見ると、たいていの人がさっと席を譲るそうです。このごろの日本ではあまり見かけない風景になってしまいました。courtesy seat と呼んでいるのにです。

　車社会のアメリカでは、高速道路（freeway）の一部にpriority lane（優先車線）というのがあるそうです。高速道路のいちばん左寄りの車線がpriority laneになっていて、運転者のほかに乗っている人がいれば、つまり1台の車に2人以上乗っていると、その車線を通ることができるのです。1人乗りが大半なのでこの車線はすいていて、ラッシュに遭わなくてすむというわけです。日本にもあっていいシステムだな、と思います。

応用編

That is a priority seat for elderly people.
（そこはお年寄りの優先席だよ）

Please give up your priority seat to this disabled lady.
（このご婦人は体がご不自由だから、席を譲ってあげて）

You must not use your mobile phone near priority seats.
（優先席のそばでは、携帯は使っちゃいけないな）

This is priority area for luggage.
（ここは手荷物置き場ですよ）

saleはバーゲンのみ
にあらず

> *Now* on sale
> (ただいま発売中)

　この表示はCDショップなどで見かけますね。on saleは「売っている」とか「発売中」とかいう意味です。

　The new CD by SMAP is on sale now.（SMAPの新作CD発売中）といった宣伝文などを新聞や雑誌でよく見ます。

　ときどき横浜の元町へ行きますが、有名なチャーミングセールになると、ショーウィンドーにはOn saleの張り紙がべたべた張ってあります。この場合のsaleは「バーゲンセール」という意味。a summer sale（サマーセール）とかa winter sale（ウィンターセール）とか、もうすっかり日本語です。

　For sale but not for long.（売り家、即決）

　これはイギリスで見かけた看板です。For saleのforは〈〜のための〉という意味。House for saleというと、「売り家」です。教会にFor saleなんて看板が立っていると、びっくりしてしまいます。

　例文はドーヴァー近くの小さな町で見たもので、not for longというのは、「長い期間は待てない」という意味

で、すぐに申し込んでください、ということ。

This house is for sale.（この家は売りに出されている）
という文章のかたちでも使えます。

For rent という看板も家屋やアパートに見かけますが、House for rent とすると、「貸し家」。Room for rent は「貸し部屋」です。This house is for rent.（この家貸します）と文にしても使えます。

衣料店で Two for three という宣伝文を見かけました。どういうことだろうかと思って店員さんに訊くと、3枚買っても2枚分を払えばいい、しかも、いちばん安い値段での2枚分を、ということでした。「3枚買うための2枚分の代金」ということなんです。もちろん買いました。

応用編

I found a very beautiful house for sale near my house.
（家の近くで、すごくきれいな家が売り出し中なのよ）

She put her expensive Prada's handbag for sale.
（彼女、あのプラダの高いバッグ、売りに出したの）

The house next to ours is for sale, Jim.
（ジム、お隣さんが売り家になってるの）

I got this jacket on sale in Paris.
（このジャケット、パリで買ったのよ、バーゲンで）

keep out（外にいる）は、裏返せば「入るな」

Keep out
（立入禁止）

　公園や工事現場などでこの看板を見かけます。警察が殺人事件などの現場に張り巡らす黄色いテープにも、Keep outと書かれています。

「立入禁止」という日本語から考えると、名詞の単語があるのかな、と思ってしまいますが、Keep outと動詞を使えば簡単に表現できます。

　keepは〈～の状態を保つ〉とか〈続ける〉という意味。outは〈～の外に〉。

　keep outで〈～の外にずっといなさい〉という意味で、逆から考えると〈入るな〉ということになります。

　長年、翻訳を、とりわけ動きの多い海洋小説の翻訳をやってくると、英語は動詞が発達した言語だとつくづく感じます。波の動きや船の動きの表現にとても適した言語です。それに対して、日本語は名詞が発達した言語と言えます。静かな渚の白砂青松(はくしゃせいしょう)など、なんとも美しく表現することができます。

　この例文の英語と日本語を声に出して言ってみてください。「キープ・アウト」と言うと、言葉に動きが感じられ

て、最後のoutは強く発音して、エクスクラメーションマーク（！）をつけたくなります。「立入禁止」と言うと、平板な発音で、静止しているように感じられます。

　狩りの場面を想像してみてください。狩り場にKeep outと看板が出ています。犬がけたたましく吠えてキツネやウサギを追いかけ、その後ろから馬に乗った男たちが疾走してきます。もしもだれかが入ってきたら危ないから、Keep out！（入るな！）って看板が叫んでいる、そんな場面が目に浮かびます。

　こんどは、田んぼで稲を刈っている場面を想像してみてください。現代の耕耘機を使った稲刈りではなくて、鎌でひと株ひと株刈っていく。静かで穏やかな風景です。そんな風景には立ち入ろうとする人に対して、Keep out（入るな）より「立入禁止」の看板のほうが似合っていると思います。

　英語は狩猟民族の動的な言葉で、日本語は農耕民族の静的な言葉です。その生活形態や文化に合うようにそれぞれの言語が発達してきたのだと、こんなところからも感じられます。英語を話せるようになるには、動詞をうまく使うことです。

　動詞の応用範囲を広げるには、keep outのように、前置詞と組み合わせることです。

Keep out of the grass.
（芝生内、立入禁止）

この注意書きも公園などでよく見かけます。〈～に入ってはいけない〉とか、〈～から離しておく〉という場合には、keepのあとに物や人を入れ、out ofのあとに場所などを言えばOKです。たとえば、

Keep dogs out of the grass.

（芝生に犬を入れないでください）

となります。

洗剤のパッケージなどによく「子供の手の届かないところに保管してください」という注意書きがありますね。これは、

Keep out of the reach of children.

the reachは「リーチが長い」などというように「手の届く範囲」のことです。

ほかにもkeepにいろいろな前置詞や副詞を結びつけると、さまざまな意味に使えます。

keep awayは「近づけない」とか「離しておく」という意味で、ビニール袋などに窒息防止の注意書きとして、

Keep this bag away from babies.

（この袋は赤ちゃんのそばに置かないでください）

と書いてあります。

keep atは、「続けてやる」という意味で、

Keep at it, Bill.

（ビル、がんばれよ）

となります。

keep in は、「なかに入ったままでいる」「引きこもる」。

Don't keep in, Mary.
(メアリー、引きこもってたらだめよ)

keep ahead of は「～の先を行く」とか、「先行している」という意味で、

Ai keeps 2 strokes ahead of Sakura.
(藍選手がさくら選手に2ストローク先行してます)

などと言えます。

応用編

The notice of this building says "Keep out".
(掲示板に書いてあるわ、この建物は立入禁止よ)

This area is "Keep out".
(ここは立入禁止だ)

Keep yourself out of those bullies, Takeshi.
(タケシ、あのいじめっ子たちには近づかないようにね)

Keep that dog out of my house.
(あの犬を家に入れないで)

Please, keep out of my way, Jeff.
(お願いだよ、ジェフ、邪魔だから、どいて)

insideで「内側」も「徹底的に」も

> **_No drinks_ inside.**
> （なかに飲み物は入っていません）

　ビジネスホテルなどの冷蔵庫によく見かける表示です。
　insideは、〈なかに〉という意味。No drinks are inside. の述語areを省略したかたちで、このinsideには〈なかにある〉という動詞の意味が含まれています。
　insideのあとに場所をつけてinside the box（箱のなかに）とか、the rooms inside the building（建物のなかの部屋）のように使うこともできます。
　羽田空港では車椅子の方に向けて、こんな表示がありました。The staff will help you inside the cabin and at the airport.（空港内でも機内でも係員がお手伝いします）
　また、〈内側の〉という形容詞としても使えます。
　an inside pocket　　（内ポケット）
　inside information （内情、内幕）
　the inside story　　（内幕物）
　さらにtheをつけてthe insideとすると、〈内側〉という名詞になります。
　inside outという熟語もあります。「内側を表に」ということで「裏返しに」という意味ですが、そこから〈徹底

的に〉という意味も生まれています。裏も表も引っくりかえして徹底的に、ということでしょう。また、「めちゃくちゃに」とか、「大混乱して」という意味にもなります。

　日本語だと、「裏返しに」という具体的なイメージの言葉と「徹底的に」とか「めちゃくちゃに」という抽象的な言葉はまったくちがうものに思えますが、英語ではおなじ言葉で言い表せる、そこがおもしろいところです。「徹底的に」がinside outだと覚えるのはむずかしいですが、「裏返しに」から連想すれば、すぐに覚えられるでしょう。こんなふうにして、簡単な熟語も自分の英語力のなかに取り入れてください。

応用編

So cold! Let's go inside, Jiro.
（すごく寒いな！　ジロー、中に入ろう）

Please look inside the room.
（部屋のなかをのぞいてみて）

I want to buy a coat with fur on the inside, Jean.
（ジーン、コートを買いたいの、内側に毛皮がついたものを）

Oh! Michiko, you're wearing your T-shirt inside out.
（まあ、ミチコ、Tシャツが裏返しよ）

Ben knows Tokyo inside out!
（ベンはね、東京のこと、隅から隅まで知っているのよ！）

ジャパニーズ英語でも心は伝わる

> *Please go into freedom.*
> (ご自由にお入りください)

　これは新潟の小さな村で、旧庄屋屋敷の玄関にあった看板です。なんだか、自由の国アメリカ合衆国へお入りください、って感じですね。feel free to〜で、「ご自由に〜してください」とか「遠慮なく〜してください」という意味になるので、「ご自由にお入りください」は、Please feel free to enter the rooms. と言います。

　きっと一生懸命に頭をひねったのですね。こんな楽しい例にもぶつかります。外国の人はびっくりするでしょうが、歓迎する側の心はちゃんと伝わることでしょう。

応用編

Feel free, everybody !
(みなさん、ご自由に！)

Please feel free to drink and eat.
(どうぞ、ご自由に飲んで食べてください)

Please feel free to make suggestions.
(遠慮なく、ご意見を)

使える You can、Can I〜?

> **You can** *earn more mileage by shopping with Edy card.*
> (エディ・カードで買い物して、マイレージを貯めよう)

　羽田空港では、こんな宣伝文句がありました。

　直訳すれば、「エディ・カードで買い物することによって、マイレージをもっと獲得できます」ということですね。

　ロンドンの地下鉄にはこんなお知らせがありました。

You can avoid the crowd by walking Covent Garden from Holborn.

(コヴェントガーデンへはホルボーン駅から歩いていくと、駅構内の混雑が避けられます)

　また、バリ島で見つけたパンフレットでは、バナナボートに乗るのはすごく楽しいよ、と謳（うた）ってから、

Can you stay on for the ride of Banana Boat ?
(帰るのをのばして、バナナボートに乗ったら？)
　と誘っています。

　さらに、サンゴ礁のすばらしい海の中を紹介して、

If you can swim, snorkeling is a must.
(泳げるなら、シュノーケリングをやらない手はないな)
　と勧めています。

ロンドンのドラッグ・ストアでもらったビニール袋には、You can still reuse this plastic bag!(このビニール袋は再利用できます!)と書いてありました。このビニール袋は廃棄しても100パーセント分解されます。それでも再利用してください、と訴えているのです。

これはThis plastic bag can be reused.と言うこともできます。でも、ビニール袋はあなたの手に渡ったときから、あなた一人のものです。このビニール袋君はあなたに「ぼくをくりかえし使ってくださいね」と訴えているわけです。ですから、不特定多数を相手にしたThis plastic bag can be reused. より、You can……!とあなた一人を相手にするかたちのほうがいいですね。

「ユーキャン」という通信教育の会社があるくらい、You canは日本人にもなじみの英語です。この会社はU-CANと表記していますが、You canに掛けているのでしょう。

You can……、I can……、Can you……?、Can I……?は利用範囲が広いので、すぐ言えるようにしておくといいです。

海外に行きはじめたころ、英語の達者な知人がガイドさんへのお礼を払うときに、Can I pay……?と訊きました。

「へえ、こんなとき、May Iではなくて、Can Iと訊いていいんだ」と思ったのです。

May IはCan Iよりも丁寧な訊き方です。くだけた感じ

のときは、Can I ……？で充分。

いま北海道や長野のスキー場にはオーストラリア人やヨーロッパ人がたくさん来ています。白馬スキー場でのこと。レストランは大混雑。テーブルはあいているけど、椅子が1つ足りない。外国人のテーブルの椅子が1つあいていました。そこで、Excuse me. Can I ……と言ったら、もうその方は椅子を指さして、Please. と言ったのです。……use that chair？と続ける必要などありませんでした。

会話ってそういうものですよね。言葉だけでなく、その場の状況やあなたの表情、動作もぜんぶ言いたいことを物語ってくれます。臆さずに話しかけてみましょう。

応用編

You can ski down a hill, can't you?
(あなた、スキーで山を滑りおりるの？)

Can you tell me Bill's e-mail address?
(ビルのメール・アドレス、教えてくれる？)

I can go to see you whenever you are free, Helen.
(ヘレン、お暇なとき、いつでもこちらからうかがうわ)

Can I use this credit card?
(このクレジットカード、使えますか？)

this side の前後に
名詞をつけてみよう

> ***Door* on this side *will open.***
> (こちら側のドアが開きます)

　このごろの電車は親切で、次の駅ではどちら側のドアが開くか、ドアの上の電光掲示板が教えてくれます。地下鉄でよく見かけるのがこの文章です。

　side は〈～の側〉という意味。～ on this side で、〈こちら側にある～〉。

　従って、door on this side で「こちら側にあるドア」「こちら側のドア」となります。

　日本語では「こちら側の」が先で、「ドア」があとになりますが、英語では door が先で、on this side があとになります。ですから、on this side の前にいろいろな名詞をつけると、簡単にいろいろな言い方ができます。たとえば、

　the desk on this side

　(こちら側のデスク)

　the house on this side

　(こちら側の家)

　また、on this side of ～ として、of のあとに名詞をつけると、〈～のこちら側に〉となり、いろいろな言い方を作ることができます。

on this side of this book
(この本のこちら側に)

on this side of the building
(建物のこちら側に)

on this side of the river
(川のこちら側に)

the town on this side of the station
(駅のこちら側の町)

前置詞を含む熟語をふやしていくと、あなたの英語表現はぐんと広がります。

応用編

Oh, the view on this side is beautiful, Kumi.
(まあ、クミ、こっち側の景色、きれいね)

The area on this side of the street is busy, Roy.
(ロイ、通りのこっち側は賑やかなんだよ)

You can sit down on any seat on this side of the room.
(こちら側のお席でしたら、どこでもどうぞ)

Please write your signature on this side of the bill.
(請求書のこちら側にサインをお願いします)

My office is on this side of the town.
(ぼくのオフィスは町のこっち側にあるんだ)

「反対」の場合は opposite

> *Door* **on the opposite side** *will open.*
> (反対側のドアが開きます)

　地下鉄車内で「こちら側のドアが開きます」と表示が出たドアの反対側を見ると、この表示が出ています。opposite は〈反対の〉。〜 on the opposite side で〈反対側の〜〉となります。

　on this side の場合と同様に、on the opposite side of 〜 とすると、〈〜の反対側に〉という意味で使えます。

応用編

Look, many seats on the opposite side are vacant, Jim.
(ほら、ジム、反対側の席がたくさんあいているよ)

That huge building on the opposite side of the street is Roppongi-Hills, Jane.
(ジェーン、この通りの向かい側にあるあのものすごく大きなビルが六本木ヒルズよ)

There on the opposite side of this pond is the golden temple, Kinkakuji.
(この池の対岸に金色のお寺があるでしょ、金閣寺よ)

禁止からお願いまで Do not で

Do not *rush*
(駆け込み禁止)

　地下鉄のホームで見かけた注意書きです。
「駆け込み禁止」を英語で言おうとすると、「駆け込み」と「禁止」に分けて、それぞれに対応する英単語を考え、さらにその2つをどうつなごうかと考えてしまいます。

　でも、まずは、「駆け込み禁止」という固い日本語を嚙みくだいて、「駆け込んではいけません」というやさしい日本語を導き出すことです。さらに、電車に駆け込むという危険な行為を禁じているのですから、「駆け込むな」と強い命令口調にします。

「駆け込むな」からなら、Do not rush はすぐに出てくると思います。一見、かけ離れた日本語と英語のようですが、意味はおなじです。しかも、知っている単語だけで言い表せます。

　Do not とか、Don't は、〈〜するな〉という強い禁止から、〈〜しないで〉といったやわらかいお願いまで幅広く使えます。たとえば、「遊泳禁止」は Do not swim here.

　お母さんが子供に「走っちゃだめよ」とか「あわてないで」と言うのも Don't run. とか Don't hurry. で OK です。

　ホテルや公共施設で見られる地震や火事の際の注意書き

はDo not ～のオンパレードです。

Do not use the elevators.
(エレベーター使用禁止)

Do not stop to collect personal belongings.
(建物内にとどまって荷物を持ち出そうとしないこと)

Do not re-enter the building for any reason.
(どんな理由があろうと、建物内に戻らないこと)

ロンドンの地下鉄の車内ではこんな注意書きを発見！

Don't put feet on seat.
(シートに足をのせるな)

という意味ですが、最初はどういうことなのか首を傾げました。そばにポスターが貼ってあって、男の人が足を向かい側の座席にのせているのです。「ええっ！」とびっくり。ロンドンの地下鉄の中は通路がすごく狭いし、外国人は足が長いので、こんな芸当もできるのですね。日本の地下鉄で、日本人の足の長さではとうてい無理。せいぜいこんなところでしょう。Don't open your legs too widely.（大股開き、禁止）

Don't put feet on seat. は、正しくは Don't put your feet on the seat. となりますが、掲示物の類はなるべく短く簡単に書きますので、冠詞などは省略していることが多いです。

命令形の Do not や Don't でも、前に Please をつければ無礼になりませんから、いろいろな場面で使えます。

禁煙をお願いするのも、Please don't smoke here.(すみませんが、ここでタバコはご遠慮ください)と、Please をつければ、角がたたないですね。

Please, don't say such a thing to me. と、Please のあとに間をおいて、強く発音すると、「お願いだから、わたしにそんなこと、言わないで」と強い意味になります。

応用編

Please, don't cry, Carol.
(お願いだから、キャロル、泣かないで)

Don't eat too much.
(腹八分目よ)

Don't walk alone at night when you are in a foreign country.
(外国では夜に一人で歩きまわっちゃだめよ)

Don't forget to take your passport with you when you go out.
(外出するときは、忘れないでパスポートを持ってね)

Please don't disturb me while sleeping on the airplane.
(飛行機で眠っていたら、起こさないでね)

Best beforeは会話には使えない？

> **Best before**
> （賞味期限）

　すこし前まで、「賞味期限」も「消費期限」という言葉もなかったと思います。少なくとも、わたしの子供のころはありませんでした。でも、いま衛生意識が強くなったため、食品のパッケージなどに必ずこの言葉を見かけますね。

　英語ではBest beforeとか、Best before endあるいはBest before dateと言います。

　Best beforeで「賞味期限」になるとはいくら考えてもわかりませんが、Best (consume) before May 10, 2007（2007年5月10日よりも前に消費するとベストです）と考えれば、なるほどと納得できます。

　Best consume before endだと、「おしまいにならないうちに消費するとベスト」。

　Best consume before date だと、「期限にならないうちに消費するとベスト」と考えればいいわけです。

　ロンドンでこんな投資会社のポスターを見かけました。

　Best before. You try anything else.
（賞味期限だよ。なにか別なことにトライしたら）

　賞味期限というのを象徴的に使って、「あなたがいまや

っていることはもう終わるべき時期だから、なにか新しいことにチャレンジしたらどう？　当社へぜひご相談を」というような意味だと、わたしは解釈しました。

　とても洒落たおもしろい表現だと思ったのですが、アメリカ人の友人は首をひねりました。「どういう意味かわからない。best beforeという言葉は包装紙などに書かれるだけで、会話では使わない」と言うのです。会話では、This juice is drinkable till March 2, 2007.（このジュースは2007年3月2日まで飲めます）とか、When should we eat this box of cookies by？（このクッキーはいつまでに食べたらいいの？）とか言うそうです。彼の友人たちも大半はおなじ意見でしたが、なかには「まあ、いいんじゃない」と言う人もいたそうです。読みあげるように言ったら、会話でも使えるんじゃないかな、とのことでした。

　わたしが訳している海洋小説シリーズの著者はイギリス人ですが、彼も、「奇妙な表現だ。広告の文句というのはときとして妙な表現を使うもんだ。best beforeは食品にしか使わない」と言うのです。

　わたしなら、

　There is no "best before" in my beauty.
（わたしの美貌に賞味期限なんてないわ）とか、
　There is no word of "best before" in my dictionary.
（わたしの辞書に賞味期限という言葉はない）
　なんて使いたいと思いました。現実問題は別ですが……。

ロンドンのポスターのように、best before に象徴的な意味をもたせて、「美しさの賞味期限」とか「人生の賞味期限」といった感じで。

でも、こういう表現はおかしい、と彼らは言います。何人かの日本人に「わたしの美貌に賞味期限なんてない、って言ったら、日本語としておかしいかしら」と訊いたら、なんとなくわかるという人もいました。そして、『生身期限』(長島喜一著　文芸社刊) という題名の本すら発見しました。もちろん賞味期限に掛けている題名です。

食品の言葉は食品にしか使わない、というイギリス人やアメリカ人、象徴的に使えるという日本人、これも、国民的感性のちがいでしょうか？　あなたはどう思いますか？

応用編

Oh! This packet of ham is past "best before".
(まあ、このハム、賞味期限切れだわ)

I was surprised that such a big food company misrepresented "best before date".
(あんな大会社が賞味期限をごまかしていたなんて、びっくりしたわ)

動詞＋前置詞で
表現力を広げよう

Push *the lever* **down** *all the way.*
(レバーを下まで完全に押し切ってください)

　地下鉄のトイレで見つけたものです。トイレットペーパーの予備のロールを入れたケースにこの一文が書いてありました。ケースの横にあけられた溝にレバーがついていて、そのレバーを上から下までぐーっと押すと、新しいロールが出てくるのです。

　pushは「押す」。それに「下へ」という意味のdownがつくと、「下へ押す」となります。

　英語は動詞が発達した言語です。その動詞にさらにdownのような前置詞が組み合わさると、もっと動詞の表現が豊かになります。

　pushとdownのような言葉の組み合わせは、たとえば、

push up 　　（押し上げる）
push away （押しのける）
push in 　　（押しこむ）
push back 　（押し返す）
push off 　　（押しのける）

といった具合です。この動詞にこんな前置詞をつければ、こういう意味になる、と覚えていけば、一つの動詞から英

会話力はぐんと大きくなっていきます。

新しいトイレットペーパーをこんなふうにして出すケースもありました。

Push another toilet roll down with fingers from the upper hole.
（ロールがなくなったら、上の穴から指先で押して、下へ落としてください）

抽象的な内容ではなく、こういう具体的な動作を表現する英文に触れていくと、その英語の感じが早くつかめるようになります。

応用編

Please, don't push me forward.
（お願い、後ろから押さないで）

I pushed him out of my thoughts, Jane.
（あたし、彼のことなんて、心のなかから追い出してしまったわ、ジェーン）

Please push that door shut, Bill.
（ビル、そのドアを閉めて）

Don't push me around！
（そんなにこき使わないで！）

He pushed his way through the crowd in haste.
（彼、ひどく急いで人混みを押し分けていったの）

英語の動詞は表情が豊か

> **Pull** *the chest guard* **forward.**
> (ガードをつかみ、手前に引いてください)

デパートなどのトイレに入ると、隅に乳幼児用の小さな椅子がありますね。その使用法の説明文です。

pullは「引く」で、forwardは「前へ」なので、ガード部分を手前へ引くと座面が開いて、すわれます。

Diaper-Changing Bed（オムツ交換台）という表示のある個室では、台が壁に押しつけてあって、Pull forward to open.（前に引くと、開きます）と説明してありました。

pullは日本でもドアにpullと表示してあって、もう日常語になっています。こうした日常的な表現で英語に接すると、その英語の感じがつかめてきます。

She pulled on her long boots. と言った場合、女性が長いブーツを引っぱってはいている様子が目に浮かびます。日本語では「引っぱってはいた」と2つの動詞を使わなければその感じは出せませんが、英語ではpull一語のなかに「引っぱる」というニュアンスが含まれていて、あとはonをつけるだけでいいです。英語は複雑に言わなくてすんでいいなあ、とつくづく思います。

また、英語の動詞には擬声語や擬態語の意味合いが含まれているものも多いです。たとえば、splash というと、いっときはやったスプラッシュ映画のように、バシャッという音や飛び散った飛沫まで見えてくるようです。

炎が flicker(フリッカー)している、というと、ちょろちょろ揺れている映像が浮かんできますね。

特に擬態語や擬声語を補わなくても単語そのものに含まれている、これも英語の動詞の表情が豊かな理由です。

擬声語や擬態語の意味合いを含んだ動詞をあげてみます。みなさんも英語の発音やリズムから味わってみてください。そのためには、強弱をはっきりつけて発音することが大事です。外国人っぽく発音しようとして巻き舌にしたり、わざとあいまいに発音したりする人がいますが、かえって相手は聞き取りにくくなります。日本語は口を大きく開けなくてもしゃべれますが、英語は口を大きく開ける、唇を激しく動かす、それが基本です。

flap(フラップ)………パシッと打つ
chatter(チャッター)……ぺちゃくちゃしゃべる
twinkle(トゥインクル)…チカチカ光る
flutter(フラッター)……パタパタはためく
tingle(ティングル)……チリンチリン鳴る
turn(ターン)…………クルリとまわる
crisp(クリスプ)………カリカリに焼く

どうですか、ちゃんと感じられたでしょう。

日本人が細かい発音にこだわるのも英会話を上達させない原因の一つだと思います。LとRの発音の違いができなければ通じない、とよく言われますが、そんなことはありません。We eat rice.をliceと発音してぎょっとされるという話が例にあげられますが、1度目はたしかにびっくりされるかもしれません。でも、相手が察してくれるはずです。それがコミュニケーションというものだと思います。わたしたちだって、外国の人が変な発音の日本語をしゃべっても、そういうものだと受け入れますね。その人と心を通じ合わせたいと思ったら、なんと言っているのか、推理力と想像力をフルに働かせて聞きとろうとするものです。

　わたしがいま翻訳している『海の覇者トマス・キッド』シリーズの著者、ジュリアン・ストックウィンに初めて会ったときのこと。ものすごい大男なのに、ぼそぼそと小さい声でしゃべるのです。なかなか聞きとれません。そばにいる奥さんのキャシーがすぐさま大きな声ではっきりと、夫の英語を英語で通訳してくれるのです。

　困ったなあ、と思いました。それから4日間付き合うのに、これではジュリアンと話せない、と思ったのです。すると、「ナイバル・バイ」という言葉が聞こえてきました。「ナイバル・バイ？　ナイバル・バイ？」と頭のなかで唱えていると、そうか、naval bay（ネーヴァル・ベイ）だと思い当たったのです。彼はオーストラリア海軍に10代から入っていたので、オージーイングリッシュなのでした。

シャイな彼も私に慣れると、大きな声ではっきりと話してくれるようになり、キャシーの通訳はいらなくなりました。

ロンドンには、スパニッシュ・イングリッシュ、イタリアン・イングリッシュ、チャイニーズ・イングリッシュ、コーリアン・イングリッシュ、いろいろなイングリッシュがあふれています。大リーグ入りした井川慶選手は記者会見を堂々と英語でやりました。英語を習いたての中学生のようなたどたどしいジャパニーズ発音でしたが、その勇気に拍手！ 次の記者会見ではさらに上達していることでしょう。

応用編

Please, pull that table toward me.
(あのテーブルをこっちに引っぱって)

Mark, pull your legs away.
(マーク、その脚、引っこめて)

His old office building was pulled down recently.
(彼の古いオフィスビル、最近、取り壊されたんだって)

Oh, my god, this bad tooth should be pulled out.
(まあ、いやだわ、この虫歯、抜かなくちゃならないの)

He pulled me by the coat.
(彼ったら、あたしのコートを引っぱったのよ)

同時に起こったことは as でつなごう

> *Flushing is carried out automatically **as** you leave.*
>
> (トイレをご使用後、自動的に水が流れます)

デパートのトイレに表示してあったものです。便器から離れると、同時に水が流れますね。flushing は「水を流すこと」で、「水洗」。is carried out は「実行される」。

as は2つの行動や出来事が同時に起こった場合に使います。たとえば、As I left home, it began to rain.(家を出たとたんに、雨が降りだした)。

応用編

As I felt a big earthquake, I hid under the desk.
(大きな地震を感じたとたんに、机の下に隠れこんだわ)

As Ben left Japan, Sarah arrived in Japan.
(ベンが日本を発ったとき、ちょうどサラが着いたのよ)

As I opened the door of the shop, I found Bill inside.
(店のドアを開けたとたんに、なかにビルを見つけたんだ)

As I rushed into the subway car, the door shut behind me.
(電車に駆けこんだ瞬間、後ろでドアが閉まったんだ)

「〜しているあいだ」に起こったことは、whileで

> ***Don't smoke while walking.***
> (歩きタバコ禁止)

　最寄りのJRの駅にこんな注意書きがあります。

　whileは2つの文をつなぐ言葉で、A while Bと言うと、「BしているあいだにAが起こった」とか、「BしているあいだにAになった」となります。

　例文は、省略しないで書くと、Don't smoke while you are walking. となり、「歩いているあいだ、タバコを吸わないでください」という意味です。

　飛行機では、座席の背にこんな注意書きがあります。

　Fasten seat belt while seated.

（ご着席中は、ベルトをお締めください）

　seatは「〜をすわらせる」という意味なので、自分は「すわらせられる」ということになり、be seatedと受け身にします。これもフルに書くと、Fasten your seat belt while you are seated. となります。

　地下鉄の案内板には、こんな注意書きもありました。

　While using subway, we ask you to observe the following rules.

（地下鉄をご利用中は、次の規則を守ってください）

whileの文のなかでは進行形も使えます。

While I cooked supper, my husband wrote the letter.
(私が夕食を作っているあいだ、夫は手紙を書いていた)
と言ってもいいし、While I was cooking supper, my husband was writing the letter.と言ってもいいです。

状態を表す動詞、sitとかlieとか、growなどは進行形にしないのが普通です。「すわってDVDを見ていたら、電話が鳴ったの」は、While I sat watching DVD , the telephone rang.となります。

応用編

While I was in Italy, I fell in love with Michiko.
(イタリアにいるときに、ミチコと恋に落ちたんだよ)

While he was a university student, he started the IT business already.
(あいつは学生時代からもう、ITビジネスを始めたんだ)

While I am sleeping, I sometimes have a bad dream.
(眠っていると、悪夢にうなされることがあるんだ)

While taking an exercise walk, she had a traffic accident.
(彼女、ジョギング中に、交通事故にあったの)

While I am doing my work, please don't speak to me, Bill.
(ビル、お願いだから、仕事中に話しかけないで)

物、場所、こと、人、すべてに使える there is

> At Narita Airport, **there are** 2 stations.
> （成田空港には、駅が２つあります）

　成田エクスプレスの駅で見かけた注意書きです。成田空港駅と空港第２ビル駅があるので、降りる駅をまちがえないように、というものです。

　There is、There are は〈～があります〉〈～がいます〉という文で、中学英語で習った簡単な表現ですが、応用範囲はとても広いです。

　まず、物や場所などに使えます。

　There is a rest room on the upstairs near the elevator.
（お手洗いは上階のエレベーター付近にございます）

　この文も成田空港駅に掲示してあったものです。このように、There is のあとに「物」を言って、次にそれがある場所を言えば、限りなく応用できます。

　人にも使えます。

　There was a strange man in front of our house.
（家の前に変な男がいたよ）

　抽象的な言葉にも使えます。

　ホテルのフロントで、Are there any messages for me？
（なにか伝言がありますか？）と訊けば、Yes, there is. と

第1章　駅や公園でおなじみの　看板英語で英会話　67

か、No, there is not. とか答えてくれるでしょう。

　ヒースロー空港で絵入りのとても楽しいポスターを見つけました。大きなゴミ箱から手が出ていて、屋根の形をしたふたを持ち上げています。そこへ男の人の手がのびて紙くずを捨てているのです。ゴミ箱曰(いわ)く、

　There's a home for everything.
（なんにでもおウチがあるんですよ）

　そして、Please use the bins provided.（備え付けのゴミ箱に捨ててください）と書いてあります。これでは、ポイ捨てできませんね。

　ロンドンで泊まったＢ＆Ｂでは携帯電話を貸してくれるサービスがあり、説明書の最後にこうありました。

　There is no charge for incoming calls.
（かかってきた通話には料金はかかりません）

「料金はかからない」というときにThere is が使えるとは日本人にはびっくりですが、「かかってきた通話に対しては、料金はなしです」と考えれば、合点がいきます。

　There is ～ ing動詞のかたちもよく使われます。

　There were so many people swimming in the pool.
（プールでは大勢、人が泳いでたよ）

　疑問のかたちにして、

　Is there anyone coming to dinner this evening ?
（今晩、だれか食事に来るの？）

　と訊くこともできます。

There are many cups on the table.
(テーブルの上にカップがたくさん並んでいる)

There are pictures on the wall.
(壁に絵が飾ってある)

「並んでいる」「飾ってある」はどう言うのかな、なんて悩んだら、There are で OK です。

ホテルの部屋でお湯が出なくて困ったら、

There is no hot water in my room. で OK。

応用編

Are you lost? Is there any big and prominent building nearby?
(迷った? そばに大きくて目立つ建物、なにかない?)

Oh, no. There is no money in my purse.
(ああ、やばい、からけつだよ)

Excuse me, there is an error in this bill.
(すみません、この請求書にまちがいが1つあるんですが)

Usually, there will be an extra charge after 10:00 p.m.
(ふつうは、午後10時を過ぎたら割増料金がかかるよ)

In the end, there are 53 persons attending our wedding reception.
(結局、披露宴には53人が出席してくれたよ)

物を主語にすると
英語っぽい！

Green Label brings you *a comfortable time.*

（グリーンラベルで快適な時間を）

　東横線の駅のホームで喉が渇いたなあ、と思ったら、この看板が目に飛びこんできました。ビールの宣伝文句です。

　Green Labelはビールの銘柄。直訳すると、「グリーンラベルはあなたに快適な時間をもたらします」となります。

　なんだかピンと来ませんね。

　おそらく英語のこの言い方が日本人のいちばん苦手なものでしょう。

　〈物が人間に～させる〉という言い方です。日本人はこういう言い方をほとんどしないからです。ところが、英語ではこのかたちが大好きなようで、ひんぱんに使います。

　日本人は人間を主語にするほうがピンと来ます。人間を主語にすると、「あなたはこのビールを飲むと、快適な時間を持てます」ということになります。「ビールを飲むと」、ここがミソです。なにをどうしたら、自分はcomfortableになるのか、と考えると、対象になっている物が原因で、自分は～になる、という日本語の構造が見えてきます。つまり、「グリーンラベルを飲むと、あなたは快適な時間を

過ごせます」となるわけです。

たとえば、「この音楽を聞いたら、気持ちが静まったわ」ということを、英語では「この音楽が気持ちを静めてくれた」と言います。

This music made me calm. です。

スマートな感じがしませんか。

「大きな地震がきて、みんなびっくりしたわ」は、「大きな地震がみんなをびっくりさせた」ということで、

The big earthquake caused everyone to start.

英語っぽいですね。使ってみましょう。

応用編

His new business brought him a lot of money.
(あいつ、新しい仕事で大儲けしたんだぞ)

What brings you here ?
(なんのご用でここへ?)

Such a story makes me happy.
(そんな話を聞くと、幸せな気分になるわ)

Nuclear war would bring the world to an end.
(核戦争が起こったら、この世はおしまいだな)

Her mistake caused Bill a lot of trouble.
(彼女のミスでビルはひどく迷惑したのよ)

禁止事項は受け身でスマートに

Disruptive behavior **is prohibited.**
(迷惑行為禁止)

　横浜の山下公園の「公園利用上の注意」という看板にあったものです。prohibitは法律や規則によって「禁じる」、disruptive behaviorは「人を混乱させる行為」という意味で、「迷惑行為」。

　例文は「迷惑行為」は「禁じられます」ということで、受け身のかたち、be～edになっています。受け身のかたちでは、こういう抽象的な言葉も主語にできるのです。

　迷惑行為を禁止しているのは、公園の管理者ですから、受け身にしないと、They prohibit disruptive behavior. となり、締まらない感じがしますね。

　こういうときには、受け身のかたちが威力を発揮します。目的語を主語にしていちばん前に置くと、強調されるからです。

　それにしても、日本でもイギリスでも、町の看板や掲示板にはprohibitを使ったものが多いです。町ではいろいろなことが制約されているわけです。

　ロンドンではこんな看板もありました。

Private garden：The playing of ball games and the riding of bicycles are prohibited.

(私有公園：ボール遊び、自転車乗り禁止)

Conducting business is prohibited.
(営業行為の禁止)

The feeding of squirrels and pigeons is prohibited in this area.
(この区域では、リスやハトに餌をやることは禁じられています)

また、〈～を禁止されている〉と言うときには、たとえば、Drivers are prohibited from drinking.（飲酒運転禁止）というふうに、fromをつけます。

応用編

Smoking in a rest room in an airplane is strictly prohibited, Hugh.
(ヒュー、飛行機のトイレでタバコを吸うのは厳禁よ)

Hey, boy, skateboarding is prohibited in this park.
(おい、坊や、この公園は、スケボー禁止だぜ)

It is prohibited to import ivory works by law.
(象牙製品を持ちこむのは、法律で禁止されているんだよ)

Unfortunately, we are prohibited from drinking in our dormitory.
(ついてないな、寮ではアルコール禁止なんだ)

His office prohibited him from coming to work, Guy.
(ガイ、あいつな、会社から出社停止をくらったんだ)

第2章

まとめて覚えれば会話が広がる
熟語の底力

Thank you for は会話の第一歩

> **Thank you for** *shopping with us.*
> （お買い物、ありがとうございます）

　イギリスの小さな町、チャタムのスーパーマーケットで駐車場の出口にあった看板です。お店だけでなく、人とつきあう場合に Thank you for はまず必要な言葉ですね。

　Thank you for とかたまりで覚えてしまうといいです。この場合の for は〈～に対して〉感謝します、とか、〈～してくれて〉ありがとう、という for です。

　for のあとには名詞が来ます。

　Thank you for your letter.
（ありがとう、手紙くれて）
　Thank you for your gift !
（プレゼント、ありがとう！）
　などと使えます。

　E メールでロンドンの古本屋に問い合わせをしたら、
　Thank you for your enquiry.
（お問い合わせ、ありがとうございます）
　と返ってきました。

　地下鉄では、不審物発見の「お願い」に、
　Thank you for your cooperation.

と書いてありました。文字通り訳すと、「ご協力、ありがとうございます」ですね。

こんなふうに、「お願い」という日本語をそのまま英語にしようとするのではなく、自分がなにを言いたいのか、噛みくだいて考えると、自分の持ち合わせの英語を使って表現できるようになってきます。

for は、例文のように動詞に ing をつけたものも使えます。動詞に ing をつけると、動名詞になるので、for のような前置詞のあとにつけられます。for 以外のいろいろな前置詞でも応用できて便利です。

エフエム東京のバイリンガル DJ 嬢は、

Thank you for listening to us.
（ありがとう、お聴きくださって）
と番組を終えていました。

感謝の気持ちをもっとこめたいときには、

Thank you so much for joining us.
（番組を見ていただいて、本当にありがとうございます）
と、so much をつければいいです。これはスカイパーフェク TV の BBC ニュースで番組の最後に流れていたテロップです。very much というより so much のほうが気持ちがこもっているし、英語っぽいです。

Thank you for helping me～ という表現を覚えておくと、たとえば、

Thank you for helping me carry my heavy bag.
(ありがとうございます、このカバン、重いのに)
などと言えます。

イギリス英語でもアメリカ英語でも、口語の場合、helpのあとにつける動詞にはtoをつける必要はありません。

Thank you for helping me send the parcel.
(小包を送るの、手伝ってくれて、ありがとう)
でOKです。

応用編

Thank you for your advice, Mr. Smith.
(スミスさん、アドバイス、ありがとうございます)

Thank you for your Christmas card, Alice.
(アリス、クリスマスカードをありがとう)

Hello, Joe, thank you for calling.
(やあ、ジョー、ありがとう、電話)

Thank you for inviting us.
(お招き、ありがとう/ありがとう、呼んでくれて)

Thank you for coming here.
(来てくれて、ありがとう/いらっしゃい)

覚えておこう、旅の英語 「departure time」

> *Please proceed to the gate, 10 minutes before your* **departure time.**
>
> (搭乗口には出発の10分前までにお越しください)

　こんな表示を羽田空港のあちこちで見かけます。departure timeは「出発時間」。「到着時間」はthe arrival time。「時差」はa time difference、「時差ぼけ」はjet lag。proceedは、「〜へ進む」という意味です。

応用編

Oh my God！ I mistook my departure time.
(まあ、なんてこと、出発時間をまちがってしまったわ)

Don't be late to our departure time, Maki！
(マキ、出発時間に遅れないでね！)

There is little time difference between Japan and Australia.
(日本とオーストラリアだと、ほとんど時差ゼロだ)

Her arrival time has been delayed for an hour.
(彼女の到着時間は1時間遅れているよ)

I had a bad jet lag after I came back.
(帰ってきてから、ひどい時差ぼけだったよ)

look forward toは
会ったときの合い言葉

> *We* **look forward to welcoming** *you again.*
>
> (またのお越しを楽しみにしています)

　タヒチのホテルの請求書に載っていた挨拶文です。
　look forward to〜は〈〜を楽しみにして待つ〉という意味。例文はイギリス式の言い方で、アメリカ式だと、We look forward to serving you again. です。
　toのあとには名詞が来るので、動詞を使う場合にはingをつけた動名詞のかたちにします。look forward to welcome youとするとまちがいになります。
　名詞の場合は、I look forward to your birthday party. (お誕生パーティ、楽しみにしてます)
　と、toのあとに名詞を言えばOKです。
　ずっと楽しみにしています、という気持ちで、I am looking forward to your birthday party. と進行形も使えます。
　パーティに出るのを楽しみにしている、と言うときは、
　I am looking forward to joining your birthday party.
　(お誕生パーティに出席するの、楽しみにしてます)
と、joiningを入れて言いましょう。

いちばん頻繁に使うのは、約束していた相手と会ったときです。

I was looking forward to seeing you.（お会いするのを楽しみにしていました）

そして別れるときには、I am looking forward to seeing you again.（またお会いするのを楽しみにしています）と言えばいいです。

I am looking forward to meeting you. と言うのは、初対面のときです。ですから、別れるときに、I am looking forward to meeting you again. と言うとまちがいで、seeing you again と言いましょう。

応用編

I am looking forward to tomorrow's date with you!
（あしたのデート、楽しみにしてるわ！）

We are looking forward to your future, Kimio.
（キミオ、われわれはきみの将来に期待しているよ）

Tom was looking forward to receiving your e-mail.
（トムはきみからメールもらうの楽しみにしていたんだ）

I am looking forward to working for this company.
（この会社で働くのを、楽しみにしています）

I'm looking forward to playing golf with you.
（ゴルフするの楽しみにしているよ）

日本語をまず嚙みくだく、それが英会話のコツ

How to *use automatic faucet*
（自動水栓の使用方法）

　デパートのトイレで、水栓の使用方法を説明した英文がありました。
「自動水栓の使用方法」を英語で言いたいと思ったとき、頭のなかではどういう働きが起こるでしょうか？
「水栓」は、「蛇口」のことですね。すると、faucetが思い浮かぶでしょう。イギリス英語ではtapです。どちらでも自分が覚えているほうでOKです。「自動」はautomatic doorなどと言うので、faucetにautomaticをつければ、automatic faucetでいっちょう上がり！　ここまでは簡単です。

　問題は「使用方法」です。「使用」はuseでいいのかな。名詞だとすると、theをつけるのかな。「方法」はwayだろうか、methodもあるな。そうすると、「使用」と「方法」はなにでつないだらいいのだろうか？　ofかな、forかな。こんな頭の働きが起こりませんか？

　英語にしたい日本語をすぐに英語に置き換えようとするのではなく、まず日本語のほうを考える。それが英会話上達の最大のコツです。

日本語は、中国から入ってきた漢語と、日本で生まれた大和言葉とから成っています。漢語を使った文章を漢語的日本語、大和言葉を使った文章を大和言葉的日本語と呼ぶことにします。「使用方法」というのは漢語的日本語です。大和言葉的日本語にすると、どうなるでしょうか。

「使用の方法」→「使用の仕方」→「使い方」→「どうやって使うか」

　だんだんくだけた言い方になりますね。最後の「どうやって使うか」まで考えると、そうか、howが使えるか、と思い当たって、how to use、が頭に浮かんでくるはずです。

　ロンドンでは、排ガスを少なくするための運転法を学ぼうという、こんなポスターがありました。

Learn how to drive in Neutral.

（身につけよう、運転法を、ニュートラル社で）

　日本語のほうからすぐにこの英文が浮かんできますか？

　わたしは翻訳修業中、よく、「原文がわかるような直訳はいけない。こなれた日本語にするように」と言われたものです。30年以上前は「直訳か意訳か」という論争があって、非常に読みにくい翻訳調なる日本語がありました。いまの翻訳では、直訳はもう駆逐されて、こなれた日本語でなければ通用しません。これを逆手にとりましょう。「原文がわかるような直訳はだめ」というのなら、直訳的な日本語からは、英語の構文が見えてくる、ということで

す。

「身につけよう、運転法を、ニュートラル社で」を直訳調の日本語にすると、「ニュートラル社で運転する方法を学ぼう」。

こんな日本語に置き換えれば、英文の構造が浮かんでくるはずです。

Let's learn how to drive in Neutral.

Learn how to drive in Neutral.

みなさんはこなれた日本語を使っています。英語を話すときには、そのこなれた日本語をまず英語の構文が透けて見えるような直訳的日本語に置き換えてみてください。それがポイントです。それから英語にするのです。

いつも頭のなかでそうしていけば、むずかしい英単語を思い出そうとか、辞書で見つけようとかするまえに、自分の頭のなかにすでにあるやさしくて簡単な英語で文章が組み立てられていくはずです。

わたしは翻訳者なので、この逆をいつもしています。how to use が出てきたら、直訳調の日本語からこなれた日本語表現を導きだすのです。

わたしが英語を話せるようになったのは、訳しているときいつも直訳的日本語をこなれた日本語にするという作業をやっているので、英語を話すときは逆に、自分の言いたいことを頭がやさしい日本語に置き換えてくれるからです。それでストックしてあるやさしい英単語やフレーズが

選べるようになったのです。

わたしの英語をネイティブの人がほめてくれるのは、「ヨウコの英語はむずかしい言葉を使わない、だれにでもわかるやさしい英語を使っている」からなのです。

ですから、使わないままあなたのなかで眠っている英語を目覚めさせ、使えるようにしようといういまの段階では、いかに英語の表現を工夫するかではなく、自分がなにを言いたいのか、それを自分でつかむことに意識を集中してください。そして、英語の凝った熟語や言いまわしではなく、基本的な言葉やフレーズを覚えてください。

応用編

At last I knew how to send e-mail, Vicky.
（ヴィッキー、やっとEメールの送り方、のみこんだわ）

Please teach me how to wear Japanese kimono.
（着物の着方、教えてね）

Tell me how to get there, Al.
（そこまでどうやっていくか、教えてくれよ、アル）

Do you know how to control my wife?
（女房操縦法、教えてくれよ）

Sue showed me how to fill in the form.
（スーが書式の書き方を教えてくれたわ）

簡単な動詞こそ
使い道は広い

> *Please **set** your mobile phone **to** silent mode.*
>
> (携帯電話はマナーモードに設定してください)

　これは東横線で見つけたものです。

　set ~ to - で〈~を-にする〉となります。テレビのコマーシャルに、Set myself to active mode.(自分の気持ちをハイにしろ)というのがありました。

　setのような基本的な動詞を使いこなすと、英会話力が広がります。その鍵が前置詞との組み合わせです。

応用編

I set the flower vase on the table, Helen.
(ヘレン、テーブルに花瓶を用意したわ)

Please set your alarm clock for five o'clock.
(目覚まし時計を5時にセットしといて)

You had better set your mind to your work.
(仕事に身を入れることだな)

We set the place for the next meeting, Roy.
(ロイ、次の会の場所を決めたよ)

「前」にも「先」にも
時間なら in advance

> *Please make a reservation at the front office* **in advance**.
> (あらかじめフロントでご予約をお願いいたします)

　これは新潟の研修センターで見かけたものです。

　in advance は「あらかじめ」とか「前もって」「事前に」「先に」といった意味です。これもよく使われる熟語です。

　ロンドンのホテルを予約したら、こんなメールが来ました。

　Reservation must be cancelled 7 days in advance of your arrival date.

　(予約の取り消しはご到着日の7日前までにしてください)

　in advance of とすると〈〜の前に〉となります。

　I bought my present for him a week in advance of his birthday.

　(彼の誕生日の1週間前に、プレゼントを買っておいたわ)

　in advance of のあとには、ing動詞もつけられます。

　I checked the map in advance of visiting his home.

　(彼の家へ行く前に、地図をチェックしておいたよ)

「ロンドンに行くまえにあらかじめ3万円をポンドに替えておいたよ」と言うには、

I exchanged 30,000yen into pounds in advance of going to London.

でいいですね。

応用編

Please show us your credit card in advance.
(お使いのクレジットカードを前もってお見せください)

Thank you for booking a room in advance, Jim.
(ありがとう、ジム、前もって部屋の予約してくれて)

When you come here, please let me know 2 weeks in advance.
(こちらにいらっしゃるときは、2週間前には知らせて)

We must prepare the papers for the meeting several weeks in advance.
(会議の書類は数週間前に用意しておくことだ)

We have researched that company in advance of making the contract.
(契約を結ぶ前に、あの会社のことを調べました)

いろいろな動詞とセットで使おう、into

> ***Please insert your plastic key into the slot.***
> (カードキーを溝に差しこんでください)

　これはホテルのカードキーの使い方を説明したものです。カードキーを slot（溝）に insert して（差しこんで）、引き抜き、すぐにドアを開けないとうまく開かないときがありますね。

　insert には「はめこむ」とか、「挿入する」という意味もあり、insert ～ into －で、〈～を－に差しこむ〉〈～を－に入れる〉というふうに使えます。

　ナイトテーブルの使い方の説明書にも、このフレーズがありました。

　To turn on the TV, please insert your plastic key into the slot of the night table.（テレビをつけるには、カードキーをナイトテーブルの差しこみ溝に入れてください）

　slot（差しこみ溝）のそばに HERE INSERT（ここに差しこむ）と示してあって、そのようにすれば、テレビがつくというわけです。

　into は非常にいろいろな動詞と組み合わせて使うので、覚えておくと便利です。

come into ～　（～へ入る）
look into ～　（～をのぞきこむ）
cut into ～　（～に切り分ける）
put into ～　（～に入れる）
go into ～　（～に就く）
get into ～　（～になる）
fall into ～　（～に落ちる）

応用編

Please insert this condition into that paper.
（その書類にこの条件を入れておいて）

Don't look into her room, Jim !
（ジム、彼女の部屋をのぞいちゃだめよ！）

Please cut this cake into six, Kiyomi.
（キヨミ、このケーキを6つに切り分けて）

Your father wants to go into new business, doesn't he ?
（あなたのお父さん、新しい仕事を始めたいんですって？）

Oh, look ! A big car clashed into the store !
（まあ、ほら！　大きな車が店に突っこんだわ）

Oh my god ! A little girl fell into the pool !
（まあ、大変、小さな女の子がプールに落ちたわ！）

My father got into difficulties, Ben.
（おやじが困ったことになってるんだよ、ベン）

「断つ」から「我慢する」まで
refrain from

> *Please* **refrain from** *smoking in the bed.*
> (ベッドでのおタバコはご遠慮ください)

　これも内外のホテルでよく見る掲示です。

　日本のホテルではこんなお願いもよくあります。

　Please refrain from wearing Yukata when you go out of the room.

（お部屋以外ではゆかたの着用はご遠慮ください）

　refrainは「断つ」とか「やめる」「控える」「我慢する」「〜しないようにする」という意味で、refrain fromとして使います。この場合のfromは〈〜から〉という前置詞ですが、〈〜から引き離す〉とか〈〜に―をさせない〉とかいう意味を含んでいます。

　fromのあとには、I refrained from comments.（コメントは控えた）のように名詞が来てもいいですし、例文のように動詞にingをつけた動名詞が来てもいいです。

　日本語では、こうした前置詞や「てにをは」は名詞や動詞のあいだに埋没してしまってあまり意識されませんが、英語では、fromやinto、toなどは重要な役割を持っています。例文のように、refrainと来たらfromというように組み合わせが決まっている場合もありますし、一つの動詞

にいろいろな前置詞を組み合わせていろいろな意味を作ることもできます。

わたしは翻訳するときには、動詞が出てきたら、次にどんな前置詞が出てくるか注目します。すると、その文の構造が見えてきます。

会話のときも同じです。refrain from ～とパターンを覚え、そのパターンに単語をあてはめればさまざまな言い方ができます。前置詞の感じをつかみ、動詞との組み合わせを覚えていくと、英語らしい表現が身につき、一つの動詞からたくさんの表現が広がっていきます。

応用編

I refrain from alcohol recently.
(このところ、お酒は控えているの)

You must refrain from eating too much, Tommy.
(トミー、食べすぎないようにしなくちゃだめよ)

You should refrain from smoking for your health.
(健康のために、禁煙すべきよ)

You had better refrain from saying things too explicitly, Bill.
(あんまりあからさまに言わないほうがいいぞ、ビル)

I couldn't refrain from crying when I heard her story.
(彼女の話を聞いて、涙が止まらなかったわ)

turn は方向転換の動詞

> *Please **turn off** your mobile phone near "Priority Seat".*
>
> (優先席付近では、携帯電話の電源をお切りください)

　これも電車や地下鉄でよく見かける注意書きですね。

　このturnは「回す」とか「ひねる」とかいう意味です。

　turn off〜は、スイッチや栓、つまみなどを回したりひねったりして、「消す」とか、「止める」という意味。

　turnもいろいろな前置詞や副詞をつけて、さまざまな意味に使えます。turn onはturn offの逆で、「つける」とか、「出す」。He turned on the TV. は、「彼はテレビをつけた」。

　turn overは「ひっくり返る」とか、「逆さになる」。なにかを「ひっくり返す」ときも使えます。

　A bus hit the bridge and turned over. と言うと、「バスが橋にぶつかって、横転した」。

　I turned the ham and eggs over. は、「ハムエッグをひっくり返して両面焼いた」となります。

　turn awayと言うと、「そむける」とか「そらす」。

　He turned his eyes away from me. と言うと、「彼はわたしから目をそらした」。つまり、turnは向きや方向を変える意味を持っています。Uターンもそうですね。

turn aroundは辞書には、「振り返る」という意味が出ていますが、日本語で「振り返る」というと、「頭だけこちらへ向ける」ことです。turn aroundは完全に体をこちらへ、あるいは、あちらへ向けるということも意味します。それに当たる日本語は、と探すと、「くるりとこちらを向いた」「向きなおった」「正対した」「こちらへ肩を回した」「背中を見せた」「踵を返した」「Uターンした」……これぜんぶ、turn aroundでOK！ ほんと、日本語は表現が繊細です。

応用編

While I am studying, please turn off the television, Ann.
（アン、勉強中は、悪いけど、テレビを消してね）

Bill, when you are on a date with me, turn off your iPod.
（ビル、あたしといるときぐらい、アイポッド、切ってよ）

When you leave the room, don't forget to turn off the gas, Taro.
（タロー、部屋を出るときは、ガスを切るの、忘れないで）

Kayo, turn off the DVD, and do your homework right away!
（カヨ、DVDは消して、すぐに宿題やりなさい！）

感情表現は受け身で

> **We are delighted to** *have you stay with us.*
> （当ホテルにお越しくださいまして、ありがとうございます）

これはホテルの宿泊帳で見つけた挨拶文です。

この例文はbe 〜 ed、つまり、〈〜される〉という受け身のかたちになっていますね。

delightは相手を「喜ばせる」とか「楽しませる」とかいった意味で、英語ではこういう感情を表現する言葉は、たいてい受け身のかたちをとります。

例文を直訳すると、「お客さまが当ホテルに泊まってくれたことによって、わたしたちは喜ばされました」ということ。つまり、お客さまが喜ばせてくれたんですよ、と因果関係がちゃんと表現された文型になっています。論理的です。

日本語のほうは、「当ホテルにお越しくださいまして、ありがとうございます」と、あくまでも自分の側からの感情の表現になっています。

英語と日本語の発想の違いがよく表れています。

英語には、こうした受け身のかたちを使って感情を表す言葉はいろいろあります。たとえば、I was surprised to hear it. は、「それを聞いて驚かされた」から「それを聞いて、驚いた」。また、She was troubled by her disease.

は、「彼女は病気に苦しめられた」から、「病気で苦しんだ」となります。

例文の、「ありがとうございます」という日本語はこの英文とはかけ離れているように思えます。でも、当ホテルにいらしてくださって、「喜んでいます」、だから、「ありがとうございます」と考えると、英文と日本文は深いところでつながっています。

自分が言いたいことを表面的な言葉だけなぞって英語にするのではなく、なにが言いたいのか、その核をとらえて2つの言語のあいだを行き来しようとすると、あなたはもっと自由に英語を話せるようになるはずです。

応用編

Tom is very delighted with that news, Mike.
(マイク、トムはそのニュースを聞いて、すごく喜んでるよ)

I was very shocked to hear that he had passed away.
(彼が死んだって聞いて、ショックだったよ)

Ken was very pleased with her letter.
(ケンのやつ、彼女から手紙もらって大喜びだったよ)

I am very satisfied with my result of the game.
(試合の結果にとっても満足しているわ)

He is excited about his new business.
(彼、新しい仕事のことで興奮してるの)

「〜以外」も「〜だけ」も except for で OK

Except for *an emergency, use of the telephone is prohibited.*

(緊急時以外、当電話は使用禁止)

この表示があったのは、駅の緊急用電話のそばです。

except for は、〈〜以外は〉ということを表します。

あるホテルではこんな表示がありました。

The room doors lock automatically, except for 102, 103.

(102、103号室以外のお部屋のドアは自動ロックです)

「わたし以外」とか「彼以外」と言うときには、except for I、except for he ではなく except for me、except for him と言います。

BBCニュースでは、「アジア向けニュース」を Except for in North America と表示しています。「北アメリカ以外の地域で放映されている」と裏返しに言っているのがおもしろいです。

この例にならうと、「ジム以外はみんな来たわ」も「来なかったのはジムだけよ」も、Everybody came except for Jim で OK です。

また、「ジェーン以外はだれも見つけられなかったよ」

も「ジェーンだけ見つかったよ」も、I could find nobody except for Jane で言えますね。

応用編

Nobody came except for Jim and Ken.
(ジムとケン以外、だれも来なかったわ)

We're all ready to go except for Bill.
(みんな出かける用意できたぞ、ビルだけまだだ)

We will join your birthday party, except for Akiko.
(お誕生パーティ、出席するわ、でも、アキコはだめなの)

I like this jacket, except for the color.
(このジャケット、気に入った。色以外は)

I can eat any food except for carrots.
(にんじん以外はなんでも食べられるよ)

Everyone understood it except for me.
(わたしだけ、わからなかったの)

人、物、距離、「あいだ」なら なんでも使えるbetween

> *Please mind the gap **between** train **and** platform.*
> (電車とホームのあいだが大きくあいていますので、お気をつけください)

　ロンドンの地下鉄では駅に着くたびにこうアナウンスされていました。

　between A and B は、〈AとBのあいだに〉と、なにか2つのあいだのことを言います。「ビトイ〜ン」と、歯ブラシのコマーシャルでもよく耳にしますね。歯と歯のあいだがよく磨けます、という意味で、うまい命名です。

　例文は列車とホームのあいだに隙間があるということ。このmindは「気をつける」という意味です。アメリカ英語だったら、Please be careful of the gap between train and platform. と言うでしょう。

　AとBは、人でも物でも、場所や時間でも使えます。

　There is a major tension between Israel and Palestine. と言うと、「イスラエルとパレスチナのあいだには強い緊張がある」。

　I lived in Singapore between 2003 and 2005. では、「あたし、2003年から05年までシンガポールに住んでいたの」

となります。

What is the difference between you and me ? は、「きみとぼくのちがうところってなんだろう」。

It takes about 45 minutes between my house and office. は、「家から職場まで45分だよ」となります。

This is between you and me. という言い方はおもしろいなあ、と思いました。「これはあなたとわたしのあいだのこと」つまり、「これはあなたとわたしだけの秘密よ」ということ。This is between us. と言ってもOKです。

それから考えると、between acts は「幕間ごとに」、between meals は「食間に」となります。

応用編

I sat down between Jane and Lewis at dinner.
(夕食のとき、ジェーンとルイスのあいだにすわったのよ)

Madam, there is a big river between the station and this hotel.
(お客様、駅と当ホテルのあいだには大きな川があります)

I'll arrive at New York between 3 and 4 o'clock tomorrow afternoon.
(明日の午後3時から4時のあいだにニューヨークに着くよ)

There is no air service between Hakodate and Kagoshima.
(函館と鹿児島のあいだは飛行機が飛んでないんだよ)

you canよりpossibleで
カッコよく！

> *If you find any unattended baggage, please inform the station staff* **as soon as possible.**
>
> （持ち主不明の荷物を見たら、早急に係員にご連絡ください）

　これは仙台駅で見つけた注意書きです。

　possibleは「〜できる」という意味。as soon as possibleは「できるだけ早くに」となります。as soon as you canと言ってもいいです。

　as soon as possibleを習ったとき、as soon as you canよりカッコよく見えて、ひどく感心したものです。こういう熟語は覚えるしかありませんが、語調がいいので覚えやすいですね。

　「できるだけ早く医者に行くべきだよ」は、You should see a doctor as soon as you canでもYou should see a doctor as soon as possibleでも言えます。

　soonのところに別の言葉も入れられます。たとえばこうです。

　I ate as much as possible.
　（できるだけたくさん食べたわ）
　I run as fast as possible.

(できるだけ速く走ったの)

I worked as hard as possible.
(できるだけ一生懸命、働いたんだ)

応用編

Please come to Japan as soon as possible, Bob.
(できるだけ早く日本に来てね、ボブ)

I will buy my home as soon as possible.
(できるだけ早く、家を買うつもりなんだ)

Jack wants to marry Sayo as soon as possible.
(ジャックはできるだけ早くサヨと結婚するつもりなんだ)

Give me the information about that case as soon as possible.
(その件に関して、できるだけ早く情報をください)

I want to be able to swim as soon as possible, Mum.
(ママ、ぼく、できるだけ早く、泳げるようになりたいよ)

年齢、時間、距離、なんでも使えるfrom～to―

> *For children **from** five months **to** two years old*
> (生後5ヵ月から2歳用)

　これはデパートのトイレなどでよく見る赤ちゃん用の椅子に書かれていたものです。from～to―は、〈～から―まで〉という意味で、年齢から時間、場所、距離、人間、ほとんどなににでも使えます。

応用編

From Tokyo to Sendai is about 300 kilometers.
(東京から仙台まで約300キロある)

I got soaked from head to toe, Bill.
(頭から足まで、ずぶ濡れだよ、ビル)

I'll be at home from 2 to 5 o'clock in this afternoon.
(今日の午後は、2時から5時まで家にいるよ)

I read this book from cover to cover.
(この本、隅から隅まで読んだわ)

Ben knows Japanese history from A to Z.
(ベンったら、日本の歴史、なにからなにまで知っているんだ)

「端」も「末」も endでOK

> ***There are two emergency exits at the end of the corridor.***
> (廊下のはずれに2ヵ所、非常口があります)

　これは仙台のホテルの廊下に示してあったものです。

　at the end ofのあとに場所をつければ〈～の端に〉とか、〈～の突き当たりに〉〈～のはずれに〉といった意味になります。

　時間をつければ〈～の終わりに〉とか、〈～の末に〉。at the end of this weekとすれば、「今週の終わりに」「この週末に」ということです。

　「今月の終わりに」「今月末に」という場合には、in the end ofとinを使います。これは、期間が短いときはatで、長いときはinになるためです。

　「9月1日」と1日を指す場合には、on September 1stですが、「9月に」という場合には、in Septemberとなるのとおなじです。

　また、朝はin the morning、午後はin the afternoonですが、夜はat night、夜明けはat dawn、正午はat noon。

　場所の場合も同様で、at homeとか、at schoolとか、狭い場所の場合はatを使い、in Japanとか、in Yokohama

とか、広い場所の場合には、inを使います。

at the end of も広い場所のなかの一区画を指すので、at です。

応用編

You can find Victoria Station at the end of this street, Takao.
(タカオ、ヴィクトリア駅はこの通りの突き当たりにあるよ)

Please sit down at the end of the table, Yuko.
(ユーコ、あなたはテーブルの端の席ね)

You know, Bill, at the end of the railway line there is a nice hot-spring town.
(なあ、ビル、終点にいい温泉町があるぞ)

I'll come to see you in the end of this month, Kathy.
(キャシー、今月の末に会いに行くわね)

Boss, I want to take long holidays in the end of September.
(ボス、9月の末に長期休暇をとりたいんですが)

主語と目的語を入れ換えて、letを使いこなそう！

> **Please let us know your comments.**
> （お客さまの声をお聞かせください）

　この例文はホテルのフロントにあったものです。

　letは〈〜させる〉とか〈〜される〉〈〜してもらう〉という意味です。このかたちも日本人は苦手です。

「お客さまの声をお聞かせください」からはどんな英語にしたらいいか、なかなかわかりません。でも、let us know your commentsを直訳して「あなたの意見をわたしたちに知らせてください」という日本文にすると「わたしたちに〜させる」という英文の構造が見えてきます。これだと、let usが浮かんでくるはずです。

　例文は命令のかたちですが、これをふつうの文にすると、You let us know your comments.（あなたはわたしたちにあなたの意見を知らせてください）となります。

　このyouをheやsheに置き換えれば、いろいろ応用できます。

　He let me go to do the hard work.

　直訳すると、「彼はわたしをつらい仕事に行かせた」となります。なんだか変ですね。変なのは、ふつうの日本語では、「彼に言われて、わたしはつらい仕事に行かされた」

と言うからです。

逆に、「彼に言われて、わたしはつらい仕事に行かされた」と英語で言いたいときは、「彼」を主語にして、「彼がわたしに〜させた」と言えばいいわけです。主語と目的語を置き換えるのです。これであなたの頭は英語モードになります。

英語には、このletのような動詞がたくさんあります。make、have、getなど。ですから、このかたちを覚えると、あなたの英語がとても英語っぽくなります。

応用編

Let us know when you will come, Tom.
(トム、いつ来るか、知らせてね)

My mother doesn't let me go to the rock concert.
(うちのママ、ロックコンサートに行かせてくれないのよ)

They didn't let us in without tickets.
(入場券がなかったから、あたしたち、入れてもらえなかったの)

He wouldn't let me enter his room.
(彼の部屋にどうしても入れてもらえなかったわ)

Let it be.
(なるがままに)

第3章

応用が利く!
この一単語を使いこなそう

「どこ？」と聞きたいときは、Where ～ ?

Where *do you stay* ?
(どこにお泊まりになりますか？)

　イギリスでプチホテルが並んだきれいなポスターを見かけました。それにこう呼びかけてあったのです。
　where は〈どこに〉。海外旅行中にいちばんよく使うのは、Where is a rest room ?（トイレはどこでしょうか？）でしょう。rest room をほかの言葉に置き換えれば、Where is the station ? と簡単に応用できます。

応用編

Excuse me, where is the ticket office ?
(すみませんが、切符売り場はどこでしょうか？)

Where is Lisa, Steve ?
(スティーヴ、リサはどこにいるの？)

Where are you going for your summer holidays, Kiyomi ?
(キヨミ、夏休みはどこに行くの？)

Excuse me, where are you from ?
(失礼ですが、お生まれはどちら？)

「なに？」と聞きたいときは、What ～ ?

> **What's** *the easiest way to become a millionaire ?*
> （百万長者になる近道は？）

　ロンドンで見かけた投資会社の宣伝文句です。直訳すると、「百万長者になるいちばん簡単な方法はなんですか？」。

　What is ～？は、覚えておくと超便利なフレーズです。

　What is it ?（それはなんですか？）

　What is that ?（あれはなんですか？）

　What is this strange thing ?（この奇妙なものはなに？）

　What is he ? とか、What are you ? は、職業や出身地、地位や身分、性格などを尋ねる、と辞書に書いてありますが、「なに、あいつは？」とか、「あなたってどういう人？」などというニュアンスがあって、とても不躾な言い方になります。これは使わないほうがいいです。その代わり、

　What is your business ?（ご職業は？）

　What does he do ?（彼のお仕事は？）

　Where are you from ?（ご出身は？）

　Where did he from ?（彼はどこから来たの？）

などと訊くといいです。

こういう点では、英米人も日本人もおなじで、相手が不快に思うようなことは訊かないことですね。

さて、百万長者になる方法には答えがありました。What is it ?（どういう方法なの？）。答えはこうです。

　A. Rob a bank.（銀行強盗をする）
　B. Win the lot.（クジを当てる）
　C. Take a Free Stock Market Seminar with Win Investing.
　D. Marry one.（百万長者と結婚する）

正解はCで、「当ウィン投資会社の無料株式セミナーに参加する」です。こんなユーモラスな文章に出合うのも看板英語探しの楽しみの一つです。

応用編

What is the time, Kimiko ?
（キミコ、いま何時？）

What's the matter with you, Mickey ?
（ミッキー、どうしたの？）

What is your name ?
（きみ、名前は？）

What is the price of this hat ?
（この帽子、いくら？）

haveは「持つ」
だけにあらず

We have *public telephones at the lobby.*
(ロビーに公衆電話がございます)

　これはホテルの案内書きにあったものです。

　haveというと、中学生のとき最初にI have a pen.（わたしはペンを持っています）と習って、〈～を持っている〉という意味が頭のなかにこびりついていると思います。

　ところが、「今年は雪が多い」と言う場合に、We have much snow this year. と言うのだと知ったとき、びっくりしました。

　There is much snow this year. なら、すんなりと受けとめられたのでしょうが、We have snowつまり、「雪を持つ」という言い方が日本語にはなく、ひどく奇妙な感じを受けたのです。

　でも、「わたしたちは今年、たくさんの雪を持っている」と言われると、わかる気がして、この言い方で英語では「今年は雪が多い」ということになるんだ、と納得しました。すると、とても理屈にかなっていると感じられたのです。

　例文のWeはホテルのことで、直訳すると、「当ホテルはロビーに公衆電話を持っています」となります。日本人

には変な言い方に感じられますが、「雪を持つ」という言い方とおなじで、「公衆電話があります」ということです。

If you have any knives or sharp instruments, you must put them in your checked baggage.

(ナイフや刃物などをお持ちの場合は、委託手荷物のなかにお入れください)

これは成田空港で掲示してあった注意書きですが、こういう「物を持っている」という言い方がhaveのいちばん基本的な使い方です。それを基本として、haveは理屈のうえでは「持っている」として考えられる日本文にたいてい使うことができます。物だけではなく、人や抽象的なことにも。

「わたしには子供が5人いる」は、「わたしは5人の子供を持っている」と考えれば、I have five children. としていいですね。

「ジムは髪が赤くて、目が青い」は、「ジムは赤い髪と青い目を持っている」と考えれば、Jim has red hair and blue eyes. 。

「ぼくには夢がある」は、「ぼくは夢を持っている」で、I have a dream. 。

病気だってhaveで言えます。「わたしは花粉症です」は、「わたしは花粉症を持っている」で、I have hay fever. 。

「午後に会議がある」などは、もう日本語でも「午後に会議を持つ」と言いますね。これなどは、We will have a

meeting this afternoon.という英語からの直訳ではないか と思います。

応用編

You have a second house in Hawaii, haven't you !
(ハワイに別荘があるんだって！)

You have a terrible boss.
(ひどい上司を持ったもんだ)

Do you have any other models ?
(ほかの型はありますか？)

Do you have the same shirt in any other colors ?
(このシャツ、ほかの色はありますか？)

I have a poor sense of direction, although I have good eyes.
(あたし、方向音痴なの、目はいいんだけど)

She has great hopes in becoming an astronaut, following Ms. Mukai.
(彼女には宇宙飛行士になるって壮大な希望があるのよ、向井さんに続いて)

Doctor, I had a terrible pain in my right leg.
(先生、右脚がひどく痛くなったんです)

物が have するの？

> *Each room **has** en-suite facilities.*
> （各室ともバス・トイレ付きです）

これはイギリスの小さなB＆Bの案内書にあったもの。en-suite はバスタブとトイレのついた部屋のことです。

この have は、「～を持っている」と解釈すれば、「各部屋とも、バスとトイレを持っています」となります。主語が人間でなくても have を使えるのです。

応用編

London has various kinds of museum, Yoko.
（ヨーコ、ロンドンにはいろんな博物館があるよ）

Takeshi, Tokyo has so many temptations for young people, doesn't it ?
（タケシ、東京って若者にはずいぶんと誘惑の多い街だね）

This new computer has a bug.
（この新しいコンピューター、欠陥があるよ）

That shop has only non-smoking tables.
（あの店は禁煙席だけだよ）

Your Japanese restaurant has a good name, Tetsuya !
（テツヤ、きみの日本料理店、評判いいぞ）

お風呂をhaveするの？

> *If you **have** any comments, please let us know.*
>
> （なにかご意見がありましたら、お知らせください）

ロンドンのバス会社の券売機で見たものです。

例文のように、haveは心や頭のなかに「持っている」考えや、時間などにも使えます。

I have no memory of my grand-father. と言えば、「おじいさんの記憶はぜんぜん持っていない」ということで、「おじいさんのことはぜんぜん覚えていない」となります。

I don't have enough time to see you. だと、「いまきみに会う時間はないんだ」。

能力や性質などにも使えます。

I have a good memory for names. と言うと、「ぼくは人の名前を覚えるのが得意です」。

He has much talent for foreign languages. は、「彼には外国語の才能がある」。

ここまでは感覚でわかりますが、こんなこともhaveで言い表せます。英語とはおもしろい言語です。

I had a shave.（ヒゲを剃った）

I had an accident.（事故にあった）

I had a bath.（風呂に入った）

I had dinner.（夕食を食べた）

I had a discussion with my father.（父と議論した）

I had a letter.（手紙をもらった）

I had a call.（電話があった）

「いま日本では聖書ブームです」は、We have the Bible boom in Japan. と言えます。びっくりですね。

応用編

Sorry, but I have no idea about that problem.
（残念だけど、その問題についてはぜんぜんわからないな）

We had a lot of fun at the Christmas party last night.
（昨夜のクリスマスパーティ、とても楽しかったね）

Jim has a weakness for sweets. He doesn't drink.
（ジムは甘党なんだよ、酒はやらないんだ）

Excuse me, I don't have an appointment.
（すみません、アポをとっていないのですが）

In Japan, we had a big Ina Bauer boom last year.
（昨年、日本じゃ、イナバウアー・ブームだったよ）

on たった一言で「作動中」

> **Surveillance cameras are on**
> (監視カメラ作動中)

　このごろは物騒な世の中になったので、公共の場だけでなく、さまざまな場所にsurveillance cameraが取りつけられています。

　このonは文法的に言うと、前置詞ではなく形容詞で、〈動いている〉とか、〈作動している〉とか〈働いている〉といった意味です。反対はoff。「今日はオンよ」とか、「今日はオフだ」というときのオン、オフとおなじです。

　直訳すると、surveillance cameraはいま作動しています、ということ。

「作動中、作動中」と頭のなかで考えていると、むずかしい英語をひねり出さなければならないように思えてきます。でも、わかってみると、「なーんだ、onでいいのか」と思いますね？　これが英語の真骨頂です。

　海洋小説の翻訳をやっていると、主人公の乗る船が敵船と出合って、船べりと船べりを接して戦う場面が出てきます。チャンスを見て、士官が、Carry on！（かかれーっ！）と命じます。すると、部下たちが敵船へ乗りこんでいくのです。海賊映画などでよく見るシーンです。

　Carry on！がさらに短くなって、On！と叫ぶ場面もあ

ります。「それ、行けーっ！」って感じです。

　戦いの緊迫したときにもたもたと長い言葉を使って命令していたら、負けてしまいます。ですから、より簡潔に、より端的に、より短く、というかたちで言葉が生まれてきたのだと思います。イギリス人は狩猟民族。そういう民族ならではの言葉の使い方だとつくづく思います。

　ちなみに、もうすっかり日本語にもなっている on air（放送中）の on は前置詞です。本来は on the air で、その the が省略されているとわかれば、前置詞であると納得できるでしょう。

応用編

Headlights of your car are left on.
（きみの車、ヘッドライト、つけっぱなしだぞ）

I've got nothing particular on for this evening, Frank.
（フランク、おれ、今夜は特になにも予定はないよ）

What's on the TV tonight ?
（今夜はテレビ、なにやってる？）

I ran on and on all the night.
（おれ、ひと晩中、どんどん走りつづけたんだ）

It snowed on and off all day.
（一日中、雪が降ったりやんだりだったわ）

〈～のために〉のfor、使い方は無限大

> **for ♀**
> （女性用）

　高速道路のサービスエリアにこんな表示がありました。笑っちゃいますが、こんなふうに気楽に英語を自分の日常に取り入れれば、英語がぐんと身近になりますね。

　このforは〈～のための〉とか〈～のために〉〈～用の〉というforです。フルに言うと、This toilet is for ♀.。

　for、from、in、on、under、withなど前置詞は単語としても短いし、簡単に覚えられますが、その役割は大変に重要です。長年、翻訳をやってきて思うのは、前置詞を使いこなせるようになることが英語を話せるようになる重要ポイントだ、ということです。

　なぜかと言うと、上の例文はThis toilet for ♀.とも言えます。大事な述語のisを省略しても、forだけで意味が通じるからです。こういう小さな言葉、前置詞は日本人が思っている以上に大きな役目を果たしています。

　例文は、大和言葉的な日本語では、「このトイレは女性のためのものです」と長い説明文になりますが、漢語的な日本語では、「女性用トイレ」と簡潔な表現もできます。

　逆に考えると、「このトイレは女性のためのものです」も、「女性用トイレ」も1つの英文、This toilet is for ♀.

で表現できるということです。

「女性用トイレ」というと、「女性用」と「トイレ」と考えて、2つの単語をどうつなげたらいいのかと思ってしまいますが、「このトイレは女性のためのものです」と考えられれば、forを使えばいいのだ、と思いつくはずです。

わたしたちは大和言葉と漢語の交じった複雑な日本語を自由に駆使しています。その複雑な日本語を英語ではとてもシンプルに表現できます。ですから、そんな日本語を駆使できる人が英語を駆使できるようにならないはずはありません。

高速道路のサービスエリアのトイレには、Priority for Disabled Personとありました。「身障者のための優先トイレ」ということですが、日本語の説明は「身障者優先」。「身障者優先」という日本語にあてはまる英単語はなにか、と思って和英辞書を引く前に、「身障者優先」を頭のなかで「身障者のための優先トイレ」と置き換えます。すると、forを使うことを思いつくはずです。

英会話の秘訣は、自分の言いたいことをそのまま英語にしようとするのではなく、まず頭のなかで簡単な日本語に嚙みくだくことです。すると、自分の知っている簡単な英単語を組み合わせて、すんなりしゃべれるようになります。

町のなかのforを探してみると、いろいろあります。

電車の切符売り場には、

400 yen for a child.

(子供のための料金は400円)／(子供料金400円)

An ordinary one way ticket is valid only for the day of purchase.

(普通片道切符は購入した当日だけ有効です)／(普通片道切符は購入当日有効)

空港では、

Please contact your ANA staff for details.

(ご不明の点はお近くのANA係員にお尋ねください)

BBCニュースのテロップでは、

For more schedule information：bbc.com.

(もっと番組についてお知りになりたい方はBBCウェブサイトをご覧ください)

また、電話で相手の名前が聞きとれなかった場合などは、「(わたしのために)つづりを言っていただけますか？」という気持ちで、Could you spell your name for me？とfor meをつけます。

What can I do for you？はよく使う言葉ですが、「あなたのためになにかすることはありますか？」、つまり、「なにかご用はありますか？」。

My father works for the bank. と言うと、「父は銀行のために働いています」、つまり、「父は銀行勤めです」とか、「父は銀行員です」ということです。銀行や会社で働いていることをatではなく、forで言うと知ったときは、びっくりしました。子供心に、「お父さんは銀行じゃなくて、

家族のために、働いているんだけどなあ」って。

　forには〈〜のために〉という意味だけでなく、ほかにもさまざまな意味や使い方があります。たとえば、〈〜の代わりに〉とか、〈〜へ向けて〉〈〜の時間のあいだに〉〈〜に対して〉〈〜にとって〉〈〜の割には〉〈〜に関して〉などなど。ほかの前置詞もおなじです。このようにfor一語だけでも、ずいぶんと広い範囲でさまざまな表現に使えます。だから、まず、forの攻略が英会話上達のカギになるのです。

応用編

This book is for you, Pitt.
(ピット、この本はきみへのプレゼントだよ)

I cooked special dinner for you.
(あなたのために夕食、特別に腕を振るったわよ)

Papa bought the new car for us.
(パパったら、みんなのために新車、買ってくれたの)

I walk everyday for my health.
(健康のために毎日、歩いています)

I save money for going to London to study English conversation.
(ロンドンに英会話を勉強しに行くので、お金貯めてるの)

withは動詞代わりに便利に使おう

> **CLEANING with warm heart.**
> （お洗濯もの 心をこめて）

ホテルの洗濯バッグに見つけた言葉です。しゃれてます。

From Russia with Love.

ショーン・コネリーの映画『007ロシアより愛をこめて』ですっかりおなじみになったwithです。

このwithは〈～をともなって〉という意味で〈～と一緒に〉とか、〈～をこめて〉〈～を持って〉〈～を含んだ〉とかいろいろに使えます。この前置詞は動詞の意味を含んでいることがわかります。

Pure Darjeeling tea with a delicate and distinctive flavor.（繊細で独特の香り漂う本物のダージリンティ）と、大好きなイギリスの紅茶のパッケージに謳ってあります。このteaにはこういう香りが含まれています、ということをwithだけで表現できるのです。便利ですね。日本語ではどうしても「漂う」とか、「あふれる」などと動詞を入れなければなりません。

逆に言うと、「漂う」だから、hangingかなとか、floatingかなと考えたときは、withを思い出してください。

高速道路のサービスエリアのトイレではドアに、with

handrail、with baby changing unit とありました。

前者は「このトイレには手すりがついています」、後者は「このトイレにはオムツ交換台があります」。超簡単です。英語ってなんて簡単に表現できるのでしょう。

外国人女性と結婚した日本人男性が、テレビ番組でこんなふうに言っていました。

I am happy with you.
(きみといると、ぼかあ、幸せだよ)

なんだか加山雄三みたい！　日本人の妻にもたまにはこんな言葉、言ってほしいですね。

応用編

With pleasure.
(いいとも！／喜んで)

Tea, please, with lemon and sugar.
(紅茶をお願いします、レモンと砂糖入りで)

Can I go with you, Helen ?
(ヘレン、わたしも一緒に行っていい？)

Yesterday, I saw Hiroki at the park with a very beautiful girl.
(昨日、公園でヒロキを見かけたよ、すごい美人連れてたぞ)

I want to buy a jacket with many pockets.
(ジャケットが欲しいの、ポケットがたくさんついたの)

年齢や値段にも使える under

*Life vest **under** your seat*
（救命胴衣は椅子の下にあります）

これも飛行機に乗るとよく見かける注意書きですね。

under は〈〜の下に〉とか、〈〜のもとに〉という意味で、場所だけでなく、年齢や値段、温度などにも使えます。

under $100（100ドル以下）

under 30 degrees centigrade（30℃以下）

応用編

Mr. Smith, please put your bag under the table.
（スミスさん、カバンはテーブルの下に置いてください）

Jack seems to work under a lot of stress in Japan.
（ジャックは日本でひどいストレスを感じているようだよ）

That road is under repair.
（あの道は工事中だよ）

I will buy this coat if it is under $10.
（このコート、10ドル以下だったら、買うわ）

This shirt is for a child under 3 years old.
（このシャツは、3歳以下用だ）

keepをキープしよう

> **Keep clear** *in front of doors.*
> (ドアの前はあけておいてください)

地下鉄の電車のドアに貼ってあった注意書きです。
〈〜に保つ〉という意味のkeepは、いろいろに使えるとても便利な動詞です。

Keep right. は「右側を保つ」で、「右側通行」。

Keep left here. は「ここでは左側通行」。

トイレで見かけたお願いは、

Keep this place clean. (きれいにお使いください)

文字通りに訳すと、「この場所をきれいに保ってください」。

この例のように〈〜を―しておく〉と言うときには、keepのあとに名詞（this place）を置いて、そのあとに状態の形容詞（clean）を置けばいいです。

Keep your town beautiful.

これはコカ・コーラの紙パックに書いてあった言葉です。「あなたの町をきれいに保ちましょう」という意味で、キャッチフレーズ的に言うと、「あなたの町をいつもきれいに」って感じですね。

防火扉にはこんな注意書きがあります。

Keep fire doors shut. (防火扉は閉めておくこと)

ぶっそうな世の中、盗難にご注意を、とこんな注意書きがロンドンにありました。

Keep your bag safely with you at all times.（カバンは常に肌身離さずに）

エスカレーターでは、

Keep clear of the edges.（端に近づかないこと）

Keep your head clear.（頭をすっきりさせて）

さあ、いろいろ口に出してみましょう。

応用編

Please keep silent in classic concerts.
（クラシックのコンサートではおしゃべり禁止よ）

You must keep your dog on the lead in this park, Jun.
（ジュン、この公園では犬を放しちゃだめよ）

I will keep my fingers crossed, Ann !
（アン、いつでも幸運を祈っているね！）

Don't keep me alone, George !
（ジョージ、独りにしないで！）

Sorry, I kept you waiting so long, Peter.
（ごめん、ピーター、ひどく待たせたね）

「こと」も「もの」も whatでOK

> *Maybe* **what you want** *is a striped shirt.*
> (きみが欲しいものはたぶん、ストライプのシャツだろうな)

　ピアノを弾く外国人男性がかわいい女の子の前で歌っています。少し前テレビでよく見た宅配便の代金引換サービスのコマーシャルです。

　とってもリズムがいいので覚えてしまいますね。このあとには、

　What you need is a pair of corduroy pants.
（きみがいま必要なのは、コーデュロイのパンツだね）
　と続きます。

　What you do というかたちのこの what は、〈〜すること〉とか、〈〜するもの〉という意味になります。

　映画を見ていたら、こんなセリフが聞こえてきました。
　Is that what you want ?（それがあなたの望んでることなの？）

　わたしの"Life is good."というブランドのＴシャツには、こんな文句がついています。
　Do what you like. Like what you do.
（好きなことしよう。自分のしていることを好きになろう）

　what のこのかたちは、「もの」にも「こと」にも使えま

す。日本語の場合、「もの」と「こと」ではまったく別物で、「こと」は抽象的なことを、「もの」は具体的なことを指します。そこで、「〜こと」って英語ではなんて言うのかな、「〜もの」ってなんて言うのかな、と悩んでしまいます。でも、英語では「もの」も「こと」もwhatですむのです。便利ですね。

このかたちを覚えると、いろいろ応用できます。トイレでも、キッチンでも、お風呂でも、気がついたときに、「ホワッチュウウォント〜」とか、「ホワッチュウニード〜」とか、口ずさんでください。自然に口がまわって、考えなくてもこの英語が出てくるようになります。

応用編

What I mean is No !
(つまり、あたしの気持ちは、ノーよ)

What I heard is, in fact, a voice of a ghost.
(ぼくが聞いたのは、実は、幽霊の声なんだ)

Is that what you think, Tom ?
(トム、それがあなたの考えていることなの？)

What I need now is the newest computer.
(いま必要なのは、コンピューターの最新のやつなんだ)

Do what you like in Japan, Ron.
(日本で好きなことをやりなよ、ロン)

「いつ？」も「時」も whenでOK

> *If only I knew **when to** invest.*
> （投資のチャンスさえわかっていたらなあ）

　これはロンドンの投資会社の宣伝ポスターにあったものです。

　この文の前に、I know that time is money.（時は金なり、そう、わかっているよ）という文章がありました。

　if onlyは〈～してさえいたら〉という意味です。

　「時は金なり、投資のチャンスさえわかっていたら、こんな大損しなかったのに（そんなときにはわが社へどうぞ）」というわけです。

　こういう場合のwhenは、「いつ？」という疑問を表すのではなく、「時」という名詞のように使えます。例文のようにwhen to～のかたちでも、when I do～と文章のかたちでも使えます。

　日本語では、「いつ？」と訳す言葉と「時」という名詞ではまったくちがうものとして使い分けますが、英語では共通して使えます。これも日本語にはない英語の特徴です。日本語にはない、ということは、使うのが苦手だということです。whereの場合も同様です。

　I will go where you want to go.

(あなたの行きたいところに、わたしも行くわ)

このwhereは〈~する場所〉とか、〈~する点〉とかいった意味です。

これもまた、具体的な「場所」にも、抽象的な「点」にも使えます。日本語では「場所」というとplaceかな、「点」はpointかな、なんて考えてしまいますが、where you~のかたちを使えばどちらも表現できます。

英語は具体的なことと抽象的なことをおなじ言葉で表すという、これも一つの例でしょう。

応用編

This is when I am very busy, Sally.
(サリー、いまがいちばん忙しいときなの)

That was when we had the hardest time.
(うちは、あのときがいちばん苦しいときだったなあ)

Sunday is when I feel happy.
(日曜は、幸せ、って思うときよ)

This is where I was born, Mickey.
(ミッキー、ここがわたしの生まれたところよ)

I walked to where there was a police box.
(交番のあるところまで、歩いていったの)

Where he is weakest, is in his impatience.
(あいつのいちばんの欠点はせっかちなところだ)

whenは「時」を表す
万能つなぎ言葉

> **When** you are back from the beach, please take a shower on the 1st floor.
>
> (海水浴からお帰りの際は、1階のシャワー室でシャワーを浴びてください)

　新潟のユースホステルにあった掲示です。建物の前が海水浴場で、水着のまま館内へ出入りできるのです。

　このwhenは2つの文をつなぐ言葉で、〈〜したとき〉〈〜すると〉〈〜した場合には〉という意味です。

　When I got up, I heard the sound of rain.（目がさめたとき、雨音が聞こえた）と、その瞬間のことが言えます。

　When以下の文章を後ろにつけてみましょう。

　He came into the room when I read the book.

　と相手が言うのを聞いたとき、あなたの頭には、「彼が部屋に入ってきた」「when」「わたしは本を読んでいた」という順で情報が入ってきます。whenは「彼が入ってきた」ことと、「わたしは本を読んでいた」ということをつなぐ記号のようなものだと考えたらいいです。その記号が〈時〉を表しているのだと。

　2つのことは同時に起こっているので、「彼が入ってきたとき、わたしは本を読んでいた」ともとれるし、「わた

しが本を読んでいたとき、彼が入ってきた」ととることもできます。学校の英文法では、「わたしが本を読んでいたとき、彼が入ってきた」とUターンしてとるほうしか教えられなかったと思います。でも、小説のなかでは、情報の入ってきた順に受け取っていくwhenがしょっちゅう使われます。

ですから、聞き取るときには、「彼が入ってきた」「そのとき」「わたしは本を読んでいた」と耳に入ってきた順に受け取っていけばいいわけです。

では、話すときはどうしたらいいでしょう？　自分が言いたいのはどっちか。言いたいほうをあとに言います。「彼が入ってきた、そのとき、わたしは本を読んでいた。その本はとってもおもしろくて〜」と話が続いていく場合は、

He came into the room when I read the book. It was very interesting〜.

とすると、相手は自然に本の話題に入っていけます。「わたしは本を読んでいたの、そのとき、彼が入ってきたの。彼はとっても興奮していて〜」と彼に話題をもっていきたいときには、

I read the book when he came into the room. He was 〜.

これで相手は自然に彼のことに注意が引きつけられます。

when以下の文章を頭に置きたいときは、どちらの文章もただwhenを移動させればいいです。すると、

When he came into the room, I read the book. It was ~.

When I read the book, he came into the room. He was ~.

となって、日本文の順序と一致します。

応用編

When I finish writing this paper, I'll call you, Lucy.
(ルーシー、この書類を書き終わったら、電話するわ)

Keiko lived in America when she was a child.
(ケイコはアメリカに住んでたのよ、子供のとき)

When you come to Japan, please buy some cans of teas for me.
(日本に来るとき、紅茶を何缶か買ってきてね)

When in trouble in Japan, ask me for help, Mark.
(日本で困ったことがあったら、ぼくに言えよ、マーク、力になるから)

When you lose your passport abroad, go to the Japanese Embassy immediately, Michi.
(海外でパスポートをなくした場合にはね、ミチ、すぐに日本大使館へ行くのよ)

「〜なしで」も「〜がなかったら」も withoutで簡単に

> *The followings are prohibited in the station **without** the permission of the station master.*
> (駅構内で許可なく次の行為をすることは禁止されています)

without は〈〜なしに〉とか、〈〜を受けずに〉〈〜を入れずに〉など、〈〜がない〉ことを示します。この文を直訳すると、「駅長の許可を受けずに」ということになります。このwithoutには動詞の意味が含まれています。

海外から帰ってくると、空港で検疫所のFOR YOUR HEALTH（貴方の健康のために）という紙を渡されます。

During your stay abroad you may be exposed to dangerous infectious disease without your knowledge.
（外国旅行中、気づかないうちに危険な感染症にさらされる機会があったかもしれません）

without your knowledge は、「自分の知らないうちに」「自覚なしに」。while you didn't know ということですが、withoutを使うと、こんなに簡単に表現できます。

without は、物や人にも使えます。たとえば、

He began to make a speech without a note.
（彼はメモなしで演説を始めた）

The children left home without their parent.
(子供たちは親抜きで出かけてしまった)

Any bicycles will be removed without warning.
(自転車は警告なしに撤去します)

　これはロンドンの住宅街でフェンスにかかっていた看板です。フェンスに自転車を鎖でつないで放置する人が多いのです。without warningは「警告をしないで」。このようにwithoutには〜ing動詞をつけることもできます。

Jim went back to America without telling me.
(ジムは、わたしに言わないでアメリカに帰った)

　withoutにはもう一つ、便利な使い方があります。〈もしも〜がなかったら〉という使い方です。

　Without your help, I can't complete this work. と言うと、「もしもきみの助けがなかったら、この仕事は完成できないな」という意味になります。ifを使わないで、仮定の意味が表せます。

　現実には「きみの助け」があって、「仕事が完成する見込みのある」場合に、Without your help, I couldn't complete this work. と言うと、「もしきみの助けがなかったら、この仕事は完成できないだろうな」と、現実とは反対のことが言えます。

　Without your help, I couldn't have completed this work. と言えば、「もしきみの助けがなかったら、この仕事は完成していなかっただろうなあ」となるわけです。現

実には「きみの助け」があって、もう「仕事は完成している」のです。withoutを使って、こんな複雑なことも簡単に言えるので、どんどん使ってみましょう。

応用編

I can do it without your help.
(あなたに助けてもらわなくても、できるわよ)

I can't live without you, Yoshiko.
(ヨシコ、きみなしでは、生きていけないよ)

You must not go out without an umbrella in this heavy rain.
(こんなひどい雨のなか、傘を持たないで出たらだめよ)

Let's enjoy ourselves without boys, Kathy.
(男ッ気抜きで楽しみましょ、キャシー)

Without that mistake, I could have passed the entrance examination.
(あのミスがなかったら、入試に合格していたのになあ)

「〜するまで」だけでなく
「とうとう」も until で

> *Please keep this form* **until** *you check out.*
>
> (この用紙はチェックアウトのときまで、お持ちください)

　ホテルで部屋番号などを書いたカードにあった文です。
　until は〈〜するときまで〉とか、〈〜したときまで〉と、決まった時や時間までのことを表現できます。
　イギリスの免税店で買い物をしたときの注意書きには、
　Not to be opened until final destination is reached.
（最終目的地に着くまで、開けないでください）
　乗り継ぎ客は封印してある買い物袋を途中で開けると、最終目的地で没収されます、と警告しているのでした。
　また、機内にあった緊急脱出の注意書きには、
　Remain seated until the aircraft comes to a complete stop.（飛行機が完全に停止するまで、座席から離れないでください）
　remain seated は「そのまますわっていてください」という意味です。come to a stop は「止まる」。
　地下鉄の切符売り場では、こんな掲示もありました。
　Please wait here until a ticket window becomes available.（窓口が開くまで、ここでお待ちください）

availableは「利用できる」という意味。直訳すれば、「窓口が利用できるようになるまでは」ということです。

untilにはもう一つ使い方があります。たとえば、

It was getting colder and colder until it began to snow.（どんどん寒くなっていって、ついには雪になった）

というように、〈～しているうちに、ついには—した〉と頭から読み下していく使い方です。untilをand at lastと置き換えればいいわけです。

I studied till late at night until I became sleepy.
（夜遅くまで勉強していたら、とうとう眠くなってきた）

応用編

I will wait for Jane until eight o'clock.
（ジェーンを待ってるわ、8時まで）

We can't start until Jim comes.
（ジムが来るまで、出発できないな）

Lucky! This restaurant stays open until 11 o'clock.
（ついてるわ！ このレストラン、11時までやってる）

There is still a month until the summer holidays.
（夏休みまで、まだ1ヵ月もあるわ）

I was waiting for him until I became irritated.
（彼を待っているうちに、いらいらしてきたわ）

beforeは「前」だけでなく「それから」も

*Train doors will be closed up to 30 seconds **before** departure.*

(ドアは発車の30秒前に閉まります)

　これはロンドンから出ているサウスイースト鉄道のホームで見かけた注意書きです。運行時間を厳守するために、発車時刻の30秒前までにはドアを閉めます、と言っています。

　beforeは〈〜の前に〉とか、〈〜する前に〉〈〜しないうちに〉という意味です。

　up toは〈〜までに〉ということですから、up to—before〜で〈〜の—前までに〉となります。3日前だと、up to 3 days before〜となります。

　beforeのあとには、名詞や、ing動詞、そして、文章も置くことができます。ロンドンのバス停では、ing動詞を使ったこんな表示を見ました。

Buy tickets here before boarding.
(ご乗車前にここで切符をお求めください)

　beforeのあとに文章を置く場合は、「時」をふくんだ意味合いとなりますが、前後の文章で時間差ができます。I called at the post office before I went to the university.

と言った場合、「ぼくは大学に行く前に郵便局に寄った」となります。

　でも、耳から聞いているときは、「郵便局に寄った」「before」「大学へ行った」と情報が入ってきます。すると、beforeは「それから」という意味にも解釈できます。つまり、「郵便局に寄って、それから大学へ行った」という意味でもあるわけです。

　逆に考えると、どちらの日本文も、I called at the post officeと言って、beforeでつないで、I went to the universityと言えばいいわけです。

応用編

You must leave before 5 o'clock in the morning, Ichiro.
(イチロー、朝、5時前に家を出ないとだめだぞ)

I want to go to New York before summer.
(夏前にニューヨークに行きたいな)

Before I go to Paris, I will book a good hotel.
(パリに行く前に、いいホテルを予約するつもり)

She finished her work before I arrived at her office.
(ぼくが会社に着かないうちに、彼女、仕事を終えていたんだ)

I bought my present for him before I saw him.
(彼へのプレゼントを買って、それから、会ったの)

afterを裏返せば「その前に」

> *Doors close soon **after** the melody ends.*
> （発車サイン音が鳴り終わると、ドアが閉まります）

　地下鉄のドアの上には、こんな注意書きがあります。

　afterは〈～のあとに〉とか、〈～したあと〉とか、〈～すると〉〈～してから〉という意味。soon afterは、〈～したあとすぐに〉ということです。

　We had dinner after the film.（映画を見たあとで、食事をした）のように、afterのあとに名詞をつけて使うことができます。

　またWe had dinner after seeing the film. のようにing動詞を置いても使えます。

　afterのあとに文章を置いた場合を考えてみます。

　I went to Osaka after I called at Kyoto. は、「わたしは京都に寄ったあとで、大阪へ行った」となります。

　耳に入ってくる順に考えると、「わたしは大阪に行った」「after」「京都に寄った」となり、afterは「その前に」と解釈できますね。従って、「わたしは大阪に行ったが、その前に京都に寄った」という意味に受け取ることもできます。

　ですから、「京都に寄ったあと」も「その前に京都に寄

った」も I went to Osaka after I called at Kyoto. でいいわけです。

応用編

We watched DVD after dinner.
(夕食のあとで、ぼくら、DVDを見たんだ)

He died soon after returning from America.
(彼、アメリカから帰ってすぐに亡くなったんだ)

My new computer was attacked by many viruses a few days after I bought it.
(新しいパソコンを買って2〜3日で、ウイルスの猛攻を受けちまったんだ)

After she met Roy, she has been thinking about him all day long.
(彼女、ロイに出会ってから一日中、彼のこと考えてるの)

I regretted my words after I had a quarrel with Tom.
(自分の言ったこと後悔したんだ、トムと喧嘩しちまって)

If 〜には、will も shall も不必要

> **If** *you see anything suspicious, call 999.*
> (不審な物を見つけたら、999に電話してください)

　例文はロンドンの地下鉄で見たものです。

　日本の地下鉄ではこんな表現がありました。

　If you notice any suspicious unclaimed objects, please inform the station staff.

　(不審物を発見した場合は、駅員にお知らせください)

　ロンドン式はnoticeではなくてsee。suspicious unclaimed objectsは「持ち主のいない怪しい物」という意味ですが、ロンドン式のanything suspiciousで充分わかります。

　こういう注意をうながす文はだれにでもわかりやすいように、短くて簡単であることが大事です。英会話もおなじで、だれでも知っている単語を使い、短く、簡単に言うように心がけると、英語が口から出てきやすくなり、相手にも通じやすくなります。

　ifは、〈もしも〜したら〉とか、〈もしも〜だったら〉と条件を表します。「(不審物を発見するかしないかわからないけど)もしも発見した場合には」というニュアンスがつきます。whenの場合は、「(きみは不審物を発見するだろう)そのときには」という感じになります。ifとwhenを

使い分けてみてください。

if以下の文章が未来のことを言っていても、If you will see Taroというように、willやshallを入れる必要はありません。

空港では機内持ち込み制限品のことで、こんなifがありました。

If you don't mind to discard knives, scissors and lighters, please put them into this box.
（ナイフやはさみ、ライターをお持ちのお客様で、航空会社に廃棄を依頼される方はこの箱の中にお入れください）

don't mind to～は「～しても気にしない」。If you don't mindとすれば、「もしも構わなければ」とか、「差し支えなければ」「よろしければ」という意味になります。直訳すると、「航空会社で捨てても構わなければ、この箱に入れてください」ということです。

If you don't mind, please call me Yoko.
（よかったら、ヨウコって呼んでください）

これはよく使うフレーズです。

If you wish to～「もしも～したければ」という表現もよく使います。ホテルの案内帳にはチェックアウト時間について、こんな注意書きがありました。

Please contact the front office, if you wish to occupy the room after 10:00 a.m.
（午前10時以降もお部屋をお使いになりたい場合は、フ

ロントへお知らせください)

　成田空港の通路の壁に世界最大級の銀行・金融サービス会社、HSBCの大きなポスターが並んでいました。

The world would be a dull place if we all agreed on everything.
(もしもすべてのことにみんなが賛成ばかりしたら、世の中はつまらないところになってしまうだろう)

If everyone thought the same, nothing would ever change.
(もしもみんながおなじ考え方をしたら、永久になにも変わらないだろう)

　どれも知っている単語ばかり、それでこんな意味深いことが表現できるのですね。

応用編

If you need my help, please say so, Joe.
(ジョー、ぼくの助けが必要だったら、そう言ってくれ)

If you hear a fire alarm, leave the building immediately.
(火災警報が聞こえたら、すぐに建物から逃げるのよ)

If you don't mind waiting for me, please call me later.
(待っていただけるのでしたら、あとでお電話ください)

I will if you wish.
(きみが望むのなら、やるよ)

第4章

文化の違いがわかれば
英会話がさらにランクアップ

英語は主語のIを
省略しない

> **I'm** *your Room Maid*
> （ようこそ）

　仙台のあるホテルでのこと。部屋のテーブルの上にこんなカードを発見しました。直訳すれば、「わたしがあなたのお部屋の係です」。

　「ようこそ」という日本語が、I'm your Room Maidと表現されているのにしばし見惚れていました。この2つの文には英語と日本語の特徴がみごとに出ているからです。

　「ようこそ」には主語も相手も出ていません。英語はちゃんとIと主語が出ていて、自分がこの部屋に責任を持っているという自信と誇りを主張しています。

　日本語の会話のなかでいちばん省略されるのは、主語です。特別に自分を主張する場合ではないかぎり、日本語は主語を省略する言語です。

「飯、食うぞ」
「風呂、入るぞ」
「テレビ、見るぞ」
「寝るぞ」

　日本語では一日に一度も主語を言わなくても過ごせそうです。

でも、英語はきちんと主語を言います。

I'll have supper.

I'll have a bath.

I'll watch TV.

I'll go to bed.

といった具合です。

なぜ英語と日本語で文章の重要な部分である主語の扱い方がちがうのでしょう。個人主義の発達した英語圏では、彼・我がはっきりと分化されているので、きちんと自分を主張し、言葉でも自分をはっきりと表すのだと思います。

一方、日本人はみんなおなじような顔のなかで丸くやっていくためには、あまり自分を主張しないで、あいまいにやっていくのが人間関係をスムーズにさせるコツです。それで、言葉でも自分をはっきり押し出さないのでしょう。

日本語では主語を省略するのがふつうだということは、英語で言おうとするとき、主語が出にくいということです。「ご飯、食べる」と言いたいとき、潜んでいる「わたしは」を引き出して、I と言わなければなりません。さらに、"I" と言ってしまってから、口ごもって、心のなかで「わたし、わたし、って言うのは、でしゃばりかな」なんて思うこともあるはずです。

英語では自分のことを言うときは、I をまっ先に言わなければなりません。「わたし」でも「ぼく」でも「おれ」でも、英語では I です。とにかく I am とか、I'm とか言っ

て、会話を始めてしまいましょう。言ってしまって、相手の注意を引きつけておいてから考えればいいのです。そうじゃないと、相手に先手をとられて、相手の話題で話さなければならなくなります。

　日本語でだって自分の知らない話題は話せません。ましてや英語ではなおさらです。まずは先手必勝、自分の土俵に相手を引きこむのです。このメイドさんは部屋の客の外国人と出会っても、自分から名乗っているのですから、物怖じなどしないでしょう。たとえ彼女の英語がたどたどしくても会話はつながり、意思疎通ができるはずです。

　さあ、I amから言ってみましょう！

応用編

I am a translator.
（わたしは翻訳をしています）

I am married.
（ぼく、結婚しているんだ）

I am single.
（あたしは、独身よ）

I'm Taro's mother.
（わたしはタロウの母なんです）

I'm a university student.
（ぼく、大学生です）

「わたし」も「おれ」も英語ではI

> **I'll** *be keeping everything tidy and clean for you.*
> (このお部屋はわたしが清掃いたしました)

ホテルの部屋に置いてあったメイドさんのカードです。

英文を直訳すると、「わたしはこの部屋を常に整理整頓します」となります。しかし、日本文は「このお部屋はわたしが」と、「わたし」を強調しています。日本語は基本的に主語の「わたし」を省略する言語で、出すとおかしい場合が多いです。しかし自分を強調したいときにはちゃんと出します。

人気作家の故シドニー・シェルダンの小説を原作にした『真夜中の向う側』というおもしろい映画がありました。そのなかで、プレーボーイのパイロットがヒロインに初めて出会ったとき、こう言う場面があります。

I am a boy. You are a girl.
(ぼくは男。きみは女)

ここでは、はっきりと主語が強調されています。軽い言い方のI'm、You'reではなく、強調する言い方のI am、You areと言っています。こう言って、彼はヒロインをベッドルームに誘うのです。こんな場合には、日本語もちゃ

んと「ぼくは男」と主語を入れます。

　小説を翻訳するとき、わたしはまず、登場人物が自分のことをなんと呼ぶか、性別や年齢、時代、生まれた国、家柄、職業、受けた教育、性格などを考えて決めます。

　日本語では、「わたし」「わたくし」「あたし」「あたくし」「あたい」「うち」「ぼく」「おれ」「わし」「自分」「あっし」「余」「拙者」「吾輩」など、たくさんあります。とても豊かな表現力です。

　さらには、相手との関係で自分のことを「お母さん」とか、「お父さん」とか、「おじいちゃん」「おばあちゃん」「先生」とも呼びます。

　10代から60代の男ばかりが登場する海洋小説を翻訳するときには、登場人物たちに一人称をどう言わせるか、とくに工夫します。仲間同士の会話では「おれ」を、船長の前では「わたし」とか「自分」を使わせることもあります。立場と相手によって一人称の使い分けをする日本人は、ほんとうに繊細な感性の持ち主です。

　英語ではこれらぜんぶがI（アイ）の一語ですみます。これまたなんとシンプルなことでしょう。英語圏の作家はどのIにしようか、悩む必要はないのですから、楽ですね。

　さらに、日本語では自分をなんと呼ぶかによって言葉づかいまでちがってきます。たとえば、I am a cat. は、「わたしはネコですよ」とか、「おれは猫だぞ」から「吾輩は猫である」まで、さまざまです。

こんなふうに繊細に使い分ける感性が、日本人を英語下手にしている原因の一つだと思います。こういう繊細さを切り捨てて、英語ではシンプルに言おうと心がけるのが英会話上達の秘訣です。

　日本語の一人称は省略されることが多いのに、いろいろな呼び方があるのはなぜでしょう？　「わたし」とわざわざ言うときには、自分を強調するときなので、自分自身に合った個性豊かな一人称を選ぶからでしょう。英語の場合は、一日に何百回となくIを使うので、いろいろな表現をするのは面倒。それで記号のように、Iになったのだと思います。Iは記号です。恐れずに使いましょう。

応用編

I did this work, Jack.
（ジャック、この仕事はわたしがやったのよ）

I am your husband, Yoshiko.
（ヨシコ、おれはおまえの亭主、だぞ）

I want this one, so you will have that one.
（あたしはこれ、あなたはあっちね）

I don't go to Obakeyashiki.
（お化け屋敷なんて、あたしは行かないわ）

I don't think so.
（わたしはそうは思わないわ）

目上の人にも
遠慮なくyouと言おう

> **I** *hope* **you** *have a pleasant stay.*
> (どうぞごゆっくりお過ごしください)

　ホテルのメイドさんのメッセージです。

　直訳すると、「わたしはあなたが快適に過ごされるように望んでいます」となります。ひどくぎこちない！

　それは、「わたし」と「あなた」が入っているからです。両方を省略して、「快適に過ごされますように望んでいます」とすると、ずっとすっきりします。

　日本語では主語が省略されることが多いですが、主語のつぎに省略されるのは、相手である「あなた」とか「きみ」とか「あんた」です。メイドさんの日本文のほうは実に日本語らしい日本語になっているわけです。

　ふだん日本語らしく「あなた」を省略しているということは、英語で言うときは、言いにくいということです。

　日本語では相手を指す言葉はいろいろあります。「あなた」「あんた」「おまえ」「おまえさん」「貴様」「貴公」「貴殿」など。しかも、「あなた」という言葉を面と向かって使うことに抵抗のある人も多いと思います。とりわけ、目上の人や上司などには。"you"と言ってしまってから、「上司にyou、あなた、だなんて、いいのかな」なんて不安に

第4章　文化の違いがわかれば 英会話がさらにランクアップ

なることもあるはずです。だから、日本語では、面と向かっては「あなた」とは呼ばずに、「部長は」とか、「先生は」とか言います。

でも、英語では、相手が上司でも大統領でも、二人称はyouです。だから、英語ではそう言うのだと割り切って、こんな日本人の奥ゆかしい遠慮は捨てることです。

友人のイギリス人作家が初めて日本に来たとき、Do you know the most important words in Japanese, Yoko? （日本語のなかでいちばん大事な言葉を知っているか）って訊いたのです。

彼曰(いわ)く、「アナタハ、ホーントウニ、キレイ、デスネ」！

これをコイン・ランドリーにいた中年の女性に使うと、たちまち彼女は洗濯を代わりにしてくれたそう。日本に住んでいる彼の友人のチョイ悪(わる)イギリス人がこのセリフを教えたのです。その後、友人の作家はこの言葉をどんな女性にも捧げていました。

男性のみなさん、イギリスでは、恥ずかしがらずに。You are actually beautiful! が殺し文句です！ Youをうんと強く発音して、ちょっと間(ま)を置き、最後にbeautifulも大げさなくらい強く、ゆっくり言いましょう。

十数年前、探検客船で北極圏に行ったとき、副船長は日本人でした。彼はノルウェーやアメリカ、インドネシアの士官たちに英語で命令していました。大きな声で、ゆっくり、はっきりと。これぞ英語をしゃべる基本です。

会話は自分の思っていることを相手に伝えるのがいちばんの目的ですから、ぺらぺら速く話そうとする必要はありません。英語はリズムをつけてしゃべる言葉なので、平板に速くしゃべるより、強弱をつけてゆっくりとしゃべるほうが相手に伝わりやすいです。急がず、あせらず、まちがってもいいので、口に出しましょう。さあ、相手が誰でも臆せずに You を使いましょう。

応用編

You are so cute !
(きみって、とってもかわいいね)

You are a good teacher.
(いい先生ね、あなたは)

Are you a staff of this shop ?
(このお店の人ですか?)

I hope you are well.
(元気だといいんだけど)

I pray you are safe.
(ご無事を祈っています)

I said you were wrong.
(まちがってるって、言ったでしょ)

I believe you will make it.
(きっとご成功なさるわ)

否定の言葉を目的語に使おう

> *You have **nothing** else to pay.*
> (ほかにはなにも払う必要はありません)

免税店で渡された書類に書いてあったものです。

英語では、目的語や補語に否定の代名詞をよく使います。「あなたは払うべきnothingを持つ」ということで、こういう使い方は日本語にはないので、とまどいますが、使ってみると、大変に便利です。日本語では「なにもない」と述部のほうを否定します。

応用編

I have no brothers or sisters.
(おれ、兄弟はひとりもいないんだ)

He is no fool.
(彼はばかじゃないわよ)

There's nobody in the room, Jane.
(ジェーン、部屋にはだれもいないよ)

I have no money in my pocket.
(一銭も持ってないんだ)

I have no idea.
(わからないわ)

英語は数式のような言葉

> *I'm home.*
> （わたしは家です）

　新聞広告でこの英文を見た瞬間、「ええ？」と疑問に思いました。I am home. は、I＝homeということです。変です。でも、これは家を扱った雑誌の名前で、I am home. と言っているのは「家」だとわかったら、なるほど、と納得しました。家を擬人化してIとしているので、まちがった表現ではなかったのです。

　では、喫茶店などでよく、「わたしはコーヒー」といった言い方をしますが、これをI am coffee. と言ったらどうでしょうか？

　I＝coffeeとなって変ですね。どうしてこうなるか、というと、日本語は述部までも省略するからです。ちゃんと言うと、「わたしはコーヒーをもらいます」ですが、「もらう」を省略して、「わたしはコーヒー」と言っているのです。

　ですから、英語で言うときには、日本文ではなにが省略されているかをまず見つけ出すことが肝心です。「もらう」を見つけ出して、「わたしはコーヒーをもらいます」という日本語にすると、英語の構造が見えてきて、I'll have a cup of coffee. とか、I want to order a cup of coffee. とい

第4章　文化の違いがわかれば 英会話がさらにランクアップ　159

う英文がすんなりと浮かんでくるはずです。

　英語では、たとえ省略したとしても、Coffee, please, for me. のように言い、決してI am coffee. にはなりません。

　英語は数式みたいな言葉です。1＋2＝4にならないように、I＝coffeeにはならないのです。逆に言うと、数式にきちんとあてはめていくと、文章ができあがっていきます。省略して言葉を切り落としていく日本語と、そこがちがうところです。

応用編

Father has a bath.
（お父さんはお風呂よ）

I want to drink a mug of beer.
（ぼくはビール、ジョッキで）

Michiko went to Kyoto.
（ミチコは京都よ）

I want to buy blue one.
（わたしは青よ）

He takes Asahi Shimbun.
（彼は朝日なんだ）

否定の言葉を主語にして英語らしい表現を！

> **Nobody** is allowed to enter into this property.
> （この地所内は立入禁止）

　これはビルの工事現場に掲示されていたものです。

　allowは「許す」。「だれかが〜を許される」という場合には、be allowedの受け身のかたちになります。「許されない」と否定する場合には、be not allowedとします。

　例文は、「nobodyは立ち入ることを許される」と表現しています。主語を否定して、述部は肯定しているのです。

　このように否定の言葉を主語に使う言い方は、日本語にはありません。でも、英語では非常によく使います。たとえば、公衆電話などでNo change givenと書いてあると、「おつりは出ません」ということです。

　このかたちを使ってみると、これから話すことは否定ですよ、と頭から相手へ示せるので、相手にもわかりやすく、会話がスムーズに運びます。自分の頭が英語モードになった実感が湧くはずです。

　日本語は相手の言っていることが否定なのか肯定なのか、最後まで聞かないとわかりません。たとえば、「わたしはあなたと一緒に……」、「行きたい」のか、「行きたく

ない」のか、最後にようやくわかるわけです。英語は、I want to goなのか、I don't want to goなのか、初めに相手に知らせます。否定の言葉を主語にするのは、それをもっと進めた言い方です。

英語は否定の言葉を主語に使い、日本語は使わない、これもまた2つの言語間の大きな違いです。その違いはどこから出てきたか。それは、その瞬間、瞬間に獲物がいるかいないか、rabbitsかno rabbitsか判断しなければならない狩猟民族と、1年かけてじっくりと作物を育てていったすえに、できたかできないか判断する農耕民族の違いではないかと思います。

応用編

No car is allowed to park in this area.
(この地域は駐車禁止です)

Nobody knows the fact of that case.
(あの事件の真相は、だれもわからないんだ)

No one likes her.
(彼女のことは、だれも好きじゃないのよ)

Nobody can marry Michi without her father's permission.
(お父さんのお許しがないと、だれもミチと結婚できないの)

Nobody else can help me, except for you.
(きみ以外のだれも、ぼくを救ってくれることはできないんだ)

英語では自分を中心に表現しよう！

> **How are we doing ?**
> （お客さまのご意見をお聞かせください）

　スターバックスのパンフレットにあった言葉です。

　この2つの文には英米人と日本人の発想の違いがはっきりと出ていると思います。

　英語のほうは、そのままの意味では、「わたしどものサービスはいかがですか？」となります。日本語のほうは、「お客さまのご意見をお聞かせください」。

　英語のほうは主体がwe（わたしども）と自分のほうです。日本語のほうは「お客さまのご意見」と相手のほうです。

　英語のほうはあくまでも自分たちのスタンスに立って、自分たちのサービスがどうだったか、その評価を求めています。日本語のほうは、自分たちのスタンスから相手のほうへ寄って、相手の意見を求めています。相手が自分たちのサービスについて触れるかどうかはわかりません。その限定はありませんから。

　この一例からでも英米人は自分が中心で、日本人は相手を中心にして考える傾向がある、と言えます。国民性が違うと。そんな違いを踏まえて、英語から日本語に、あるいは日本語から英語に言い換えられたら、名訳、名会話にな

ると思います。

このhowは「どんなぐあいですか？」と健康や状態、様子を訊くときに使います。例文を直訳すると、「わたしたちはどんなふうにやっていますか？」となります。howは、5W1H（which、what、when、where、whoとhow）のなかで、日本人にはいちばん使いにくい言葉かもしれません。時とか場所とか、具体的なものを指していないからだと思います。応用文で慣れましょう。

応用編

How have you been, Jack ?
（ジャック、元気にしてた？）

How are you doing, Julian ?
（ジュリアン、調子はどう？）

How was your concert, Nicholas ?
（ニコラス、きみのコンサート、どうだった？）

How is your mother today ?
（今日、お母様の具合はいかがですか？）

How are things going, Paul ?
（うまくいってるかい、ポール？）

物を主語にして、
受け身でスマート表現を

> *Medal can be purchased at the machine.*
> (メダルは販売機で買えます)

　観光地に行くと、記念メダルを作れる機械がありますね。これは函館のトラピスチヌ修道院で見つけたものです。

　例文は物が主語になっていて、物が〈～される〉という受け身のかたちをとっています。受け身表現は英語では非常によく使われ、英語の大きな特徴の一つです。日本人には苦手ですが、受け身を取り入れると、あなたの英語表現はぐんと広がり、スマートになります。

　purchaseは「買う」とか、「購入する」という意味です。メダルはあなたに「買われる」ので、メダルを主語にすると、Medal is purchasedとなります。そして、「買うことができます」と言いたいので、canをつけて、can be purchasedとしています。

　キャッシュカードの宣伝には、こんなのがありました。

　Our cash card can be used at our ATMs worldwide.
　(当社のキャッシュカードは、世界中の当社ATMで使えます)

　こうした文はもちろん、

第4章　文化の違いがわかれば　英会話がさらにランクアップ　165

You can purchase a medal at the machine.

You can use our cash card at our ATMs worldwide.

とYouを主語にして言うこともできます。でも、メダルもキャッシュカードも不特定多数の人を相手にしているので、物を主語にしたほうがわかりやすいし、物が強調されて、言いたいことが前面に押し出され、表現としてスマートです。

「メダルは販売機で買えます」という日本文を考えてみます。この文は日本語の特徴をよく表しています。きちんと言うと、「メダルは販売機であなたが買えます」。受け身にはなっていません。この「メダルは」の「は」は主語を示す「は」ではなく、「ゾウは鼻が長い」のように主題を引き出す「は」です。日本語にはこんな便利な「は」があるので、わざわざ受け身にしなくてもすむのです。(「ゾウは鼻が長い」という文の「ゾウは」の「は」は主題を導く「は」であるというのは、言語学者三上章博士の説です)

こういうこなれた日本語を英語にするときには、「〜は」が主語なのか主題なのか判断して、正確に主語を探し出すこと、それがキーポイントです。

日本人が受け身のかたちをあまり使わないのは、もう一つ理由があると思います。

たとえば、日本人は「彼は交通事故で死んだ」と言いますが、英米人はHe was killed by a traffic accident.、つまり、「交通事故で殺された」と言います。戦争でも、日

本人は「戦死した」と言いますが、英米人は He was killed in the war. です。

また、日本語で「グラスが割れた」は、英語では The glass was broken. と言います。グラスがひとりでに割れたのではなくて、なにかの力によって「割られた」と表現します。

英米人はなにによってそれが起こったか、因果関係を明確に表現する傾向があり、日本人はそれをあいまいにする傾向があり、それが言語にも表れているのだと思います。

そこで、英語を話すときには、因果関係をはっきりとらえて主語を探し出すと、受け身のかたちが使いやすくなります。トライしてみてください。

応用編

Yusuke, this question can be answered by a little boy!
(おい、ユウスケ、こんな質問は子供でも答えられるぞ)

Maybe, the northern lights can be seen in Alaska in this season.
(たぶん、いまの季節ならアラスカでオーロラが見られるよ)

This paper can be written by hand, Natsuko.
(ナツコ、この書類は手書きでいいのよ)

I think you can be supported by the city hall, Paul.
(ポール、市役所で力になってくれると思うよ)

「手」で場所も時間も言える？

> *Rescue is* **at hand** *!*
> （救助はもうすぐだ！）

テレビのニュースでこの言葉が報道されました。マグロ漁船が当て逃げされて転覆し、乗っていた3人がLife raft（膨張式救命いかだ）で漂流したのです。いかだのなかには食料や水、釣り針などと一緒にInstructions for Survivalという手紙が入っていて、漂流者を元気づけるために、Rescue is at hand !と書かれています。

at handは「手をのばせばすぐのところに」あるいは「もうすぐ」という意味です。場所だけでなく時間にも使います。大海原にぽつんと1つ、オレンジ色の救命いかだが浮かんでいて、3人が空中へ手をのばして救助の来るのを待っているイメージが浮かびますね。

英語では、時間という抽象的概念を手（hand）という具体的な言葉で表すわけです。これも英語の特徴で、おもしろいと思います。

ちなみに、SOSは救難信号にあたるモールス信号をアルファベットにあてはめたものです。でも、こんな英語の頭文字をとったものだとも言われています。

Save Our Souls, Save Our Ship, Suspend Other Service, Stop Other Service.

(われわれの命を助けてくれ、船を助けてくれ、ほかの仕事は中断して、ほかの仕事はやめて)

これはまったくのこじつけだそうですが、なるほどそういう意味にとれて、いかにも本当のようですね。よくひねり出したものだと感心します。

こんなエピソードを含んだモールス信号も、コンピューターの発達で、もう使われていません。

船の世界では、外国へ行く船舶の場合はもちろんですが、国内の船でも、英語はなくてはならない言語です。

応用編

I always keep English-Japanese dictionary at hand.
(わたし、いつも英和辞典を手元に置いているのよ)

Keep the pen and papers close at hand.
(ペンと紙を手近に置いておきなさいよ)

My great day is at hand.
(大事な日が間近に迫っているの)

You must keep emergency provisions near at hand.
(非常食を身近に用意しとかないといけないぞ)

If it's necessary, keep those things at hand.
(必要だったら、これ、手元に置いておいて)

日本語で「殴られた」は英語では「殴った」に

> **It may save your life.**
> （命が助かるために）

　これはホテルにあった「火災のさいの脱出方法を読んでおいてください」というお願いのあとに続く文です。

　このItは、「注意書きを読んでおく」を指しています。直訳すると、「そうすることが、あなたの命を助けるかもしれません」となります。

　日本語では、「そうすれば命が助かる」と、「命」を主語にするほうが自然です。

　日本人は受け身が苦手ですが、受け身で言ったほうがぴったりくる場合があります。「助けられる」とか「救われる」とか、「盗まれる」など、恩恵や被害を受けた場合です。

　たとえば、He hit me. と言うと、「彼はわたしを殴った」ということですが、日本語では、「わたしは彼に殴られた」のほうがぴったりきます。

　逆に考えると、「わたしは彼に殴られた」と英語で言いたいとき、受け身ではなく、He hit me. と言っていいわけです。I was hit by him. より、He hit me. のほうが殴った人が最初にはっきり出て、インパクトがあります。

英語では He hit me.（彼はわたしを殴った）と言い、日本語では「わたしは彼に殴られた」と言う。「殴ったのはだれか」ということは、英語の言い方のほうが強く出ています。日本語では「わたしは」と「殴られた」のあいだに「彼に」は埋没してしまっています。こういう場面でも日本語では相手を強く告発するような言い方はしない。〝自分〟が控えめな言語だとつくづく思います。

応用編

He rescued me from drowning.
(溺れそうになっていたところを彼に助けられたんだよ)

A pickpocket stole my purse.
(財布をすられてしまったのよ)

The huge tsunami swept away the whole village.
(大津波で村ごと押し流されてしまったんだ)

Bill deceived you.
(あなたはビルにだまされたのよ)

A truck nearly run over our dog.
(うちの犬、危うくトラックに轢かれるところだったの)

日付からわかる国民性

> *We will resume normal service on the 1st December 2006.*
>
> (2006年12月1日から通常の営業を再開します)

イギリスの小さな町のホテルに泊まったとき、レストランのドアにこんな張り紙がしてありました。

日付の書き方はイギリス式では、日、月、年の順です。5th February 2007 ／ 5 February 2007

どちらも正しいですし、月と年のあいだにカンマを入れてもいいです。読み方は、February the fifth, two thousand-sevenあるいは、the fifth of February, two thousand-sevenです。簡単にFebruary fiveと言ってもOKです。

アメリカ式では、月、日、年の順になり、February 5th, 2007あるいは、February 5, 2007と書き、日と年のあいだにはカンマを入れます。入れないとわかりにくいですからね。話すときは、theを入れずにFebruary fifth, two thousand-seven、または、fifth of February, two thousand-sevenと言います。

数字だけの場合は要注意です。3. 4. 08は、イギリス式だと4月3日で、アメリカ式だと3月4日になります。

テレビのニュースのテロップを見ると、BBCは3rd December 2006、CNNはDecember 3, 2006でした。

でも、Eメールでは、イギリス人でもアメリカ式に December 3, 2006 と書いてくる人が多いです。

曜日は、イギリス式でもアメリカ式でも、いちばん最初に置きます。Tuesday, 15 December 2006、あるいは、Tuesday, December 15, 2006 というふうに。

わたしの中学時代の教科書はイギリス英語でしたし、イギリス人作家の本を翻訳することが多いので、8th March 2007 式を使うことが多いです。英米の言い方の違いは覚えておいて、自分が覚えやすいほう、言いやすいほうを使えば、相手もわかってくれると思います。時間や日にち、場所などはまちがって受け取られないように正確に、はっきりと言う、それがいちばん大事な点だと思います。

年月日の言い方にも英米人と日本人の考え方の違いが出ています。日本人は年、月、日、曜日と大きいほうから言い、イギリス人は曜日、日、月、年と小さいほうから言います。

住所も日本人は、国、都道府県、市、区、町、番地と大きいほうから言い、イギリス人は、番地、通り、町、市、州、国と小さいほうから言いますね。

どうしてでしょうか？

日本人は自分の存在を表すのに、まず日本人であることから言って、県、市、町、と狭めていき、最後に自分の家の番地にたどりつきます。ところが、イギリス人は、自分の家を表す番地、つまり自分自身の個体を表す情報をまっ

先に言って、それから町や市、国に拡大していきます。こうした住所の言い方にも、個人主義を重んじたイギリス人と、家や国を重んじた日本人の考え方の相違が映し出されているのだと思います。

年月日もおなじで、彼らはピンポイントに重要な情報を出してから、大きいほうへ持っていく。日本人は大きい情報を出してから、最後にピンポイントに重要な情報を出す。

文章でも英米人は重要なことをまず言い、日本人は最後に重要なことを言います。年月日の言い方もそれに通じるのではないかと思います。

また、英語と日本語の月名をくらべると、数字で表す日本語のほうが情感がとぼしいですね。日本語は情感が豊かだと言いましたが、これはどうしたことでしょう？

英語の月名はギリシャやローマ神話の神の名前などに由来します。JanuaryはJanus（事の始めと終わりを司る神ヤヌス）、MarchはMars（軍神マールス）、MayはMaia（豊穣の女神マイア）、JuneはJuno（保護女神ジュノー）にちなんでいます。Februaryは2月15日にFestival of Februal（贖罪の祭り）が行われたことに由来し、JulyはJulius Caesar（ジュリアス・シーザー）に、AugustはAugustus Caesar（アウグストゥス皇帝）に、といった具合です。

日本語にも「睦月」「如月」という呼び名があるので、明治5年に行われた太陽暦への切り替えの際に数字月にな

ったのかと思ったら、最初から数字月だったと考えられるそうです。泰和4年（西暦369年）に書かれた古文書に5月16日と数字月が使われており、江戸時代も数字月で公文書が書かれていたそうです。睦月、如月という呼び方は雅語の部類に入り、こういう呼び名が文学的表現としてたくさん作られ、12月などは師走をはじめとして45も呼び名があるそうです。

公文書などでは数字月のほうが使いやすいですし、文学的表現としてはいろいろ美しい呼び名がある、やはり日本語は表現が豊かなのですね。

応用編

It's April the first, April Fools' Day, Jim.
（やあ、今日は4月1日、エイプリルフールだぜ、ジム）

My birthday is on the seventh of August.
（ぼくの誕生日は8月7日なんだ）

This letter was dated February fifteenth 2007, Emily.
（エミリー、この手紙の日付、2007年2月15日になってるわよ）

His book will be published on May fifth, this year.
（彼の本、今年の5月5日に発売されるんですよ）

I happened to see Julia on the eleventh of June at Ginza.
（6月11日に銀座で偶然、ジュリアに会ったんだ）

単数、複数に注意しよう

Please find the enclosed **Tickets** *and* **Document(s)** *listed below.*

(下記の航空券および書類が同封されております)

　これは航空会社から送られてくる航空券購入の書類に書いてあった文章です。

　Ticketのほうはsがついて複数になっていて、Documentのほうはsがカッコつきになっています。

　チケットは往復を購入するので、sをつけています。書類のほうは、客によって1枚の場合も2枚以上の場合もあるので、sにカッコをつけています。

　日本語ではただ、「航空券と書類」です。枚数に関してはわかりません。

　英語ではsをつけるかつけないかで単数と複数をはっきりと厳格に表します。たとえば、わたしの訳している海洋小説では、マストの上の見張り員が水平線に船を見つけたときに、Ship ho！とかShips ho！（おーい、船がいるぞー！）と下のデッキにいる乗組員に叫びます。

　乗組員はShipだったら、船が1隻だな、と思い、Shipsだったら、複数の船だと思います。

　これを日本語にする場合には、まず「おーい、船がいるぞー！」としか言えません。船の複数を表す言葉がないか

らです。続けて、「1隻だぞー!」とか、「何隻かいるぞー!」とか、情報を与えます。

単なるs一文字で英語では単数・複数の区別を表すことができます。日本語にはこういう便利なsはありません。ただ、人間や動物には、「〜たち」という言葉をつけて複数を表すことができますし、人々、木々、家々などと、言葉を重ねて表すこともできます。しかし、sのように万能ではありません。

英語ではさらに、単数と複数で、manとmenのように語形が変わるものもあります。また、数えられないものと数えられるものがはっきりと区別されています。

ですから、その単語が単数・複数どちらのかたちなのか、あるいは、sがついているかいないかに気をつければ、それが1つなのか、2つ以上なのかすぐにわかります。

翻訳する場合、その単語が「〜たち」をつけたり、「木々」などのように言葉を重ねたりできない場合、いかにして複数であることを読者に伝えるか、いろいろ工夫します。たとえば、shipsの場合は、船に愛情をこめて見ているときだったら、擬人化して、「船たち」と訳す場合があります。また、「船団」とか「艦隊」とかそれ自体が複数の意味を持つ言葉を探したりもします。さらには、「ずらりと並んだ船」とか「集まった船」とか別の言葉を補って複数を表す工夫をします。逆に言うと、これらすべての工夫が英語ではs一文字で表現できるのです。それを考え

ると、英語って、なんと簡単ではありませんか。

この数に対する意識の違いは、どこからくるのでしょうか。

イギリス人の祖先は狩猟民族で、日本人は農耕民族でした。狩猟民族はウサギやキツネなどの獲物を1匹、2匹と数えます。彼らのあいだでは獲物の数は家族の命を左右する大事なことです。1つという数が大きな意味を持ちます。

農耕民族である日本人は収穫した米や麦を1粒、2粒と数えはしません。1粒では家族どころか自分一人も生かせません。その一粒一粒をまとめて、1袋とか2袋とか数えたことでしょう。袋の中には何万粒もの米や麦が入っているのです。

そうやって考えると、狩猟民族が数に厳格になり、農耕民族は数に寛容になったというのは自然な結果だと思えます。数にも民族性が映し出されているのです。

ですから、英語を話すとき、単数と複数を区別することもまたポイントです。しかし、数に対して寛容な日本人には、いちいち数を表現するのは苦手の一つです。でも、数を意識することで、あなたの英語はぐんと正確になってきます。相手は当然、数に注意して聞いていますから。まちがってもいいので、ちょっと意識してみましょう。

しかし、心配することはありません。英語は数に厳格だということは、言葉も数をはっきりとわかりやすく伝えられるようにできているのです。

A「丘の上に塔が2本、建っています」

B「丘の上に2本、塔が建っています」

このAとBのちがいはどこにあるでしょうか？ そうです、Aは「2本」が言いたいことで、Bは建っているのは「塔」だということが言いたいのです。日本語では、強調したい言葉があとに来ます。「愛している」か「愛していない」か、いちばん大事な部分があとにくるのと同じです。

これを英文にすると、AもBも There are two towers on the hill. でOKです。「塔が2本」だからとか、「2本、塔が」だからどう言い分けようか、などと悩む必要はありません。強調したい部分を強く言うだけで相手がちゃんと受け取ってくれます。

応用編

I found a man and three women in the room, Jeff.
(ジェフ、部屋のなかに、男の人が1人と女の人が3人いたわ)

There are three eggs in this basket.
(このカゴには卵が3つ入ってるよ／3つ、卵が入ってるよ)

Five yachts are in the harbor, Bill.
(ビル、港にヨットが5隻いたぞ／5隻、ヨットがいたぞ)

She brought ten magazines to the bazaar, Beth.
(彼女、バザーに10冊も、雑誌を持ってきてくれたわ、ベス)

enoughは充分に？

> *Is your baggage small enough for carry-on ?*
> （お荷物は機内へ持ち込める大きさですか？）

　この掲示を成田空港で見たとき、へえ、と意表をつかれました。そして、なるほど、と思いました。

　「機内へ持ち込める大きさ」というと、とっさに big enough と思う人が多いでしょう。「大きさ」という日本語につられるのです。

　でも、Is your baggage big enough for carry-on ? と言ったら変ですね。機内に持ち込むのは、大きい荷物はいけません。小さくなければならないのです。

　例文は直訳すると、「あなたの荷物は、機内に持ち込むのに充分に小さいですか？」となります。「充分に小さい」という言い方が日本人にはなじまないのだと思います。「充分に」だと、そのあとに来る言葉が大きいとか、たっぷりとか多いものであるのが自然です。

　英和辞典を見ても、「充分な」とか「たっぷりな」という意味が並んでいます。この訳が日本では定着していて、enough というと「充分な」となってしまったのでしょう。

　「充分な」という意味もありますが、enough には「特定の目標にとって過不足のない」という意味があります。

ですから、例文の場合には、「持ち込める大きさを超えないだけ、充分に小さいですか?」という表現になっているのです。enoughという言葉の意味のなかに、「～に見合った」という日本語を加えておけば、応用範囲が広がるでしょう。

大小を表すときの言葉は、日本語は「大きさ」、英語はsize。日本語では「機内へ持ち込める小ささ」と言わないのがおもしろいところです。

応用編

Do you have enough time to speak with me ?
(いま、お話しする時間、ありますか?)

He has enough money to go around the world by a passenger ship.
(彼は客船で世界一周するだけの金を持っているんだ)

It's warm enough to swim, Mary.
(メアリー、暖かいから泳げるね)

That's good enough.
(それで充分です)

Enough, already, Jack !
(もう、たくさんだよ、ジャック)

Enough is enough.
(もうやめようよ)

英語ではいつも裏は裏

> *The location of the emergency exits is posted* **on the back side of** *the room door.*
> （非常口の位置はお部屋のドアの内側をご覧ください）

　これもホテルで見かけた注意書きです。

　the back side は「裏側」とか「裏手」という意味。on the back side of ～と言うと、〈～の裏側に〉とか、〈～の裏手に〉となります。従って例文は、「お部屋のドアの裏側に」ということですね。

　ところが、日本語では、客の立場になって部屋のなかから見て、ドアの「内側」ということになります。芸が細かいですね。

　船には、on the back side of the deck という表現があります。「甲板の裏側」という意味ですが、どこのことでしょう。甲板は建物で言えば「床」です。その裏側ということで、下の部屋の天井ということになります。英語では、表は表、裏は裏なんです。

　でも、日本語で「甲板の裏側」と言ったら、なんのことかわかりません。そこで、「天井」と言います。逆に日本語を英語にしたいときは、日本語のニュアンスに惑わされずに自分がなにを言いたいのか、それをつかんで英語を考

えてみてください。

例文を直訳すると、「非常口のある場所はお部屋のドアの内側に張ってあります」ということです。場所を示しただけの実務的な文章なのですが、「ご覧ください」という日本語にはホテル側の気遣いが感じられます。

逆にこれを英語で言いたい場合は、「ご覧ください」というニュアンスは省いて、実務的に「あります」とだけ言えばいいわけです。すると、簡単な英語が浮かんできますね。

もう一つ、sideの話をします。最近は、日本でも豪華客船の旅が人気です。いま、船の船首へ向かっているとします。右はどっちでしょうか？　左は？　こんどは船尾に向かいます。右は？　左は？

船首へ向いているときと船尾へ向いているときとでは、右左が逆になります。これでは不便なので、船では船首へ向かって右が右舷（starboard side）、左が左舷（portside）と決まっています。どっちを向こうと、右は右なわけです。

帆船の時代、船の進行方向右側にsteering（舵）のboard（板）がついていました。steering boardのついている側、steerboardがなまってstarboardになったと言われています。

steering boardのついている側を港につけると、舵板が傷みます。それで、船はかならず左側を岸壁につけます。

第4章　文化の違いがわかれば 英会話がさらにランクアップ　183

そこで左側は港（port）の側、ということで、portside と言います。

　飛行機は船の言葉や慣習に倣っていることが多いです。飛行機でも必ず進行方向左側から乗り降りします。こんど飛行機に乗ったとき、確かめてみてください。そして、夜空を見上げると、機体の starboard side に緑のライト、portside に赤のライトが光っているでしょう。これも船の舷灯に倣ったものです。

応用編

You can find our hotel on the back side of the city hall.
（当ホテルは市役所の裏手にあります）

You must write your signature on the back side of your credit card.
（クレジットカードの裏にサインをしておくことね）

Oh, I have some pain in the back side of my right leg.
（ああ、右足のふくらはぎがちょっと痛いわ）

The hospital is on the back side of Yokohama station, Bob.
（ボブ、その病院なら横浜駅の裏にあるわよ）

英語では過去は
いつも過去形で

> *Bishop Berlioz* **felt there was** *a great need to spread Christianity.*
>
> (ベルリオーズ司教はキリスト教を広めることがぜひとも必要であると感じたのです)

　函館のトラピスチヌ修道院の入り口にある看板の一節です。この修道院が創設された理由が書いてあります。

　注目したいのは、felt there was（であると感じた）という部分です。英語ではfeltのあとはthere wasと過去形になっています。日本語では、「である」と現在形です。

　英会話で過去形と現在形を使い分けるのが、日本人にとって苦手の一つです。

　なぜか？　日本語で考えているとき、あなたの頭のなかは現在形と過去形がミックスしているからです。

　例文の「感じた」のと「必要である」のとはおなじ時点のことです。英語は、feltと過去形で言ったら、そのあとの文章も過去形で言います。日本語では、過去のことを言う場合でも、現在形を使うことがあります。

　そこで、日本人は英語をしゃべるときに、つい現在形で言ってしまったり、ちゃんと過去形で言っても、あれ、いいのかな、と不安になったりするのです。

第4章　文化の違いがわかれば　英会話がさらにランクアップ　185

　英語の小説の場合、地の文は過去形をベースにして書かれます。

　いま、あなたはジャックに会いました。その場合、

Jack wore the T-shirt. It was a red one. It suited his white jacket well.

と、すべて過去形で書きます。

　この英文を直訳してみます。

「ジャックはTシャツを着ていた。赤いやつだった。白いジャケットによく似合った」

　いま目の前でジャックを見ているのですから、「ジャックはTシャツを着ていた。赤いやつだ。白いジャケットとよく似合う」としたほうが自然ですね。

　英語は過去のことはあくまでも過去形で書きます。

　日本語は、過去のことでも現在形で書いたりします。ですから、翻訳するときには、過去形と現在形をミックスして、変な文章にならないように、臨場感があるように工夫します。たとえば、自分はいまヴィクトリー号に乗っています。

The Victory left Portsmouth. The wind was strong. The sea was rough. She rolled heavily.

　この文章をそのまま訳すと、

「ヴィクトリー号はポーツマスを出た。風が強かった。波が荒かった。船は大きく揺れた」

　となります。これでは臨場感が出ません。そこで、

A「ヴィクトリー号はポーツマスを出た。風が強かった。波が荒い。船は大きく揺れた」

B「ヴィクトリー号はポーツマスを出た。風が強い。波が荒い。船が大きく揺れた」

C「ヴィクトリー号はポーツマスを出た。風が強い。波が荒い。船は大きく揺れる」

こんなふうにいろいろ工夫して、その状況にいちばん合った表現を選びます。

日本語をしゃべるときもおなじです。

みなさんは日本語をしゃべるとき、これとおなじ工夫を自然に頭のなかでやって、過去形と現在形をミックスさせています。だから、過去のことを言う場合にすべて過去形で表すという英語の決まりに違和感を覚えるのです。

そこで、英語とはそういうものなのだと割り切って話すことです。相手は過去のことだと思って聞いているのに、とつぜん現在形が混じると、過去のことなのか現在のことなのか混乱してしまいます。

とりわけ例文のように、I felt とか、I thought、I wanted、I heard などと言うときには、それに続く文章は迷わずに過去形で言ってください。「彼女はとってもきれいだと思ったわ」と言いたいとき、I felt she is very beautiful. と言わずに、I felt she was 〜 と言ってください。

こういうふうに英語って合理的で、単純で、簡単です。

このごろは、英米人もそんな英語に臨場感を持たせたい

のか、過去ベースの文章のなかに現在形をミックスさせる作家が出てきました。わたしが訳したアメリカ人の作家もそうでした。英米人に日本語が知られるようになって、その良さに気づき、英語のなかに取りこんだのではないだろうか、と密かに思っています。

また、日本語でも、単調な過去形を重ねて独特のリズム感を出したのがNHKの『プロジェクトX』です。

「彼は失敗した。どん底に落ちた。悔しかった。泣いた。立ち上がった。負けなかった」というふうに。

応用編

I thought Betty was bright.
(わたし、ベティって利口だなあ、って思ったわ)

I heard Mat caught a cold.
(マットは風邪だって聞いたよ)

My mother said that movie was very much fun.
(母が言ってたわ、あの映画、すごくおもしろいって)

I felt that he no longer loved me.
(あの人はもうあたしのこと、愛していないって感じたの)

He asked me whether I was twenty or twenty one years old.
(きみは20か21かって、彼に訊かれたわ)

英語はパーツ順が決まっている

> **The Trappistine Convent** / *was founded* / **in 1898** / **by eight French nuns.**
>
> （トラピスチヌ修道院は、1898年、8人のフランス人修道女によって創設されました）

　函館のトラピスチヌ修道院の看板にあった一節です。文章を構成しているパーツごとに／を入れました。

　この例文からは、各パーツの組み合わせ方が英語と日本語ではどうちがうか、考えてみます。

　この日本文はこうも言えます。わかりやすいように、細かい修飾語は省略します。

　A「この修道院は修道女によって1898年に創設された」
　B「この修道院は1898年に修道女によって創設された」
　C「1898年にこの修道院は修道女によって創設された」
　D「1898年に修道女によってこの修道院は創設された」
　E「修道女によってこの修道院は1898年に創設された」
　F「修道女によって1898年にこの修道院は創設された」

　AからFまで、すべて正しい日本語ですね。

　言い換えれば、この6つの日本文を言いたいとき、どれも例文の英文1つで言えるということです。

　英語はパーツ順がほぼ決まっています。日本文は各パー

第4章　文化の違いがわかれば　英会話がさらにランクアップ　189

ツを入れ替えることがほとんど自由にできます。まるで壁で仕切られた西洋式家屋と、襖と障子の日本家屋のようですね。

英語のパーツ順は、

I want to have lunch ／ with you ／ at noon ／ at the restaurant ／ near our office.

のように、ほぼ、時、小さい場所、大きい場所、といった順番になります。最初はまちがってもいいから話していくと、そのうちに、どのパーツが先に来るのか、感覚でわかってくるはずです。

応用編

I'll be going to London next month with my boss on business.
(来月、上司といっしょにロンドンに出張する予定です)

I met Bill at the festival in our town last summer.
(ビルとは去年の夏に、町内会のお祭りで初めて会ったの)

We found this beautiful picture at the antique market in Los Angeles a few years ago.
(この美しい絵、数年前にロスの骨董市で見つけたんです)

Kate went to play tennis at the park with her friends this afternoon.
(ケートなら、午後は友人たちとテニスをしに公園へ行ったわ)

おわりに

　看板英語で楽々英会話、いかがでしたでしょうか。
　長いあいだ翻訳をやってきてつかんだ英会話上達のコツをお届けしました。例文などを使って、実際に英語を楽しんでください。
「翻訳家ならではの着眼点を生かして英会話の本を」というコンセプトで本書の執筆を勧めてくださり、粘り強く励ましてくださった講談社生活文化第一出版部の古川ゆかさん、また、本書のなかの英文を丹念に検討してくださったスティーヴズ・イングリッシュ主宰のスティーヴ・ワインバーグさん、講師のフレッド・ワインバーグさんに心から感謝申し上げます。

2007年3月

大森洋子（おおもりようこ）

大森洋子

北海道に生まれる。横浜市立大学英文科卒。出版社勤務を経て翻訳家に。英米文学を中心に翻訳している。日本翻訳学院の講師を務めた経験もあり、また、海と船をテーマに、取材も続け、雑誌や講演会などでも活躍。

著書には『白い帆は青春のつばさ』(偕成社)、共著には『船長になるには』(ぺりかん社)などがある。

訳書には『海の覇者トマス・キッド』シリーズ(早川書房)、『アラン、海へゆく』シリーズ(徳間書店)、『聖書の謎 聖書の疑問 誰も教えてくれなかった544の話』(講談社)他多数。

講談社+α新書　346-1 C

「看板英語」スピードラーニング

大森洋子　©Yoko Omori 2007

本書の無断複写(コピー)は著作権法上での例外を除き、禁じられています。

2007年5月21日第1刷発行

発行者	野間佐和子
発行所	株式会社 講談社
	東京都文京区音羽2-12-21 〒112-8001
	電話　出版部(03)5395-3527
	販売部(03)5395-5817
	業務部(03)5395-3615
デザイン	鈴木成一デザイン室
本文イラスト	カツヤマケイコ
本文組版	朝日メディアインターナショナル株式会社
カバー印刷	共同印刷株式会社
印刷	慶昌堂印刷株式会社
製本	牧製本印刷株式会社

落丁本・乱丁本は購入書店名を明記のうえ、小社業務部あてにお送りください。
送料は小社負担にてお取り替えします。
なお、この本の内容についてのお問い合わせは生活文化第一出版部あてにお願いいたします。
Printed in Japan　ISBN978-4-06-272435-7　定価はカバーに表示してあります。